Eva Meijer • Was Tiere wirklich wollen

EVA MEIJER

WAS TIERE WIRKLICH WOLLEN

Eine Streitschrift über politische Tiere und tierische Politik

Aus dem Niederländischen
von Hanni Ehlers

btb

Inhalt

Einleitung

Der Delphin Takoma wurde nach umfassender Ausbildung vom amerikanischen Militär als Soldat im Irak eingesetzt. Nachdem sein Kamerad Makai schon von einer ersten Mission im Persischen Golf zurückgekehrt war, erwartete der Ausbilder, dass auch Takoma binnen vierundzwanzig Stunden wieder da sein würde. Doch Takoma blieb weg. Da die Gewässer als sicher galten, nimmt man an, dass er desertiert ist.[1] Delphine sind für ihre Intelligenz, Sensibilität und ausgeprägte Kultur bekannt. Es ist also denkbar, dass sich Takoma abgesetzt hat, weil er dagegen aufbegehrte, für Menschen arbeiten zu müssen, ja vielleicht sogar gegen die Art der Arbeit, die er hätte verrichten sollen. Bei einem Menschen könnte man da von einem politischen Akt sprechen. Weil Takoma ein Delphin ist, halten wir das für weniger selbstverständlich.

»Tiere« und »Politik«, dabei denken die meisten wohl zuerst einmal an die politische Partei »Partei für die Tiere«. Vielleicht auch noch an Tierrechte oder an Stiftungen und Organisationen, die sich darum bemühen, das Los von Tieren zu verbessern. Darin äußert sich ein bestimmtes Bild von Tieren und von Politik. Viele Menschen meinen, Politik sei etwas, das sich nur in formellen Institutionen wie Parlament oder Stadtrat abspielt. Politik wird als etwas für Menschen und von Menschen gesehen, das sich weitgehend auf Sprache stützt und die Fähigkeit zu abstraktem Denken voraussetzt. Nichtmenschliche Lebewesen seien nicht zu politischem Handeln imstande, und genau das mache, so die verbreitete Meinung, den Unterschied zwischen Menschen und allen anderen Lebewesen aus.

Die Ansicht, dass nur Menschen politisch handeln können, ist tief in der Geschichte des Denkens verwurzelt. Schon der altgriechische Philosoph Aristoteles (384–322 v. Chr.) schrieb in seiner *Politik*, dass der Mensch das einzige politische Wesen sei, da Menschen sprechen und in diesem Sprechen zwischen Gut und Böse differenzieren könnten. Andere Lebewesen könnten seiner Meinung nach zwar zum Ausdruck bringen, ob sie Schmerzen hätten oder Freude empfänden, doch ihnen fehle die moralische Einsicht, die es brauche, um der politischen Gemeinschaft anzugehören. Für Menschen sei die Bildung einer solchen Gemeinschaft wichtiger Bestandteil eines erfüllten Lebens, für die meisten anderen Lebewesen sei sie ohne Bedeutung. Aristoteles zog die Grenzen der politischen Gemeinschaft somit um die menschliche Art. Auch heute noch herrscht sowohl in der politischen Philosophie als auch in der praktischen Politik der Gedanke vor, dass Tiere nicht sprechen können, nicht politisch handeln können und somit nicht der politischen Gemeinschaft angehören.

Dieses Bild von nichtmenschlichen Lebewesen ist inzwischen nicht mehr haltbar. Nichtmenschliche Lebewesen können viel mehr, als wir bisher dachten, und eine harte Scheidelinie zwischen Menschen und Tieren lässt sich nicht ziehen. Menschen haben vielfältige Beziehungen zu Tieren; das erstreckt sich vom Verjagen oder dem Verzehr von Tieren bis zum Zusammenwohnen unter einem Dach und dem gemeinsamen Leben mit ihnen. In diesen Beziehungen sind Tiere keine Sachen: Sie verschaffen sich Gehör und bestimmen die Ausgestaltung der Beziehung, ja manchmal sogar der Gemeinschaft mit. Seit Aristoteles hat sich auch stark gewandelt, wer als politisches Wesen angesehen wird – Frauen und Sklaven erwiesen sich als durchaus zu politischem Handeln fähig. Zudem umfasst Politik, wie Bürgerrechtsbewegungen zeigen, mehr als nur die formelle Interaktion in offiziellen Institutionen; auch Protest und Widerstand spielen eine Rolle, ebenso wie in verschiedenen Bereichen der Gesellschaft angestellte Überlegungen. Diese neuen Ansichten über Politik und über Tiere werfen viele Fragen auf: ob Tiere politisch handeln und was darunter zu verstehen ist, wo die Grenzen der politischen Gemeinschaft liegen, Fragen nach Gerechtigkeit und Macht, nach Lebensräumen und Land oder die Frage, was uns trennt und was uns verbindet.

Im vorliegenden Essay erörtere ich diese und andere Fragen zu Politik und Tieren und untersuche, wie wir mit Tieren gemeinsam unsere Beziehungen zueinander anders gestalten könnten. Neuere Arbeiten in der politischen Philosophie legen nahe, dass Tiere als politische Wesen betrachtet werden sollten. Die Geschichte von Tierrechten und dieser sogenannten »politischen Wende« in der Tierethik untersuche ich im ersten Kapitel. Dabei gehe ich auch auf die Frage ein, inwieweit die herrschenden Machtverhältnisse unser Bild vom Menschen und von Tieren prägen, und befasse mich mit Bezügen zwischen nichtmenschlichen Lebewesen und sonstigen marginalisierten Gruppen. Im zweiten Kapitel lege ich dar, wie Tiere politisch handeln und was das für unsere Auffassung von Politik bedeutet, und beleuchte Zusammenhänge zwischen diesem Handeln und der bestehenden liberalen Demokratie. Im letzten Kapitel unterbreite ich anhand der Begriffe »Demokratie« und »Deliberation«, wie wir neue politische Beziehungen zu Tieren aufbauen können, und zeige, was wir darüber hinaus tun können, um die heutige Situation zu verbessern.

Politische Tiere

Neuere wissenschaftliche Untersuchungen belegen, dass es keine scharfe Trennlinie gibt, die Menschen von Tieren scheidet, und dass nichtmenschliche Lebewesen weit komplexere Geschöpfe sind, als wir bisher dachten. Gorillas können zum Beispiel in Gebärdensprache von ihrer Vergangenheit erzählen; die Sprachen von unter anderem Präriehunden und Kalmaren verfügen über eine Grammatik; Ameisen, Elstern und Schweine erkennen sich selbst im Spiegel; Ratten helfen Fremden; Fische benutzen Werkzeuge; Hunde riechen, wie spät es ist; Paviane besprechen Zukünftiges; Pferde können Menschen mittels Zeichen zu verstehen geben, ob sie eine Decke wollen oder nicht; Raben und Elefanten kennen ausgesprochene Trauerrituale.[2] Alle diese Untersuchungen zeigen, dass Tiere Individuen mit jeweils eigenen Lebensanschauungen sind, dass sie eigene Vorstellungen von einem guten Leben haben und anderen diese auf ihre jeweils eigene Weise verdeutlichen. Dass sie anders sind als Menschen und sich anders ausdrücken, heißt nicht, dass sie weniger klug wären oder weniger wertvoll.

Die Leben von Menschen und Tieren sind auf vielfältige Weise miteinander verwoben. Wir alle teilen uns einen Planeten, und menschliche und nichtmenschliche Lebewesen teilen Haushalte, Städte, Lebensräume. In diesen Beziehungen sind Menschen nicht die Einzigen, die

Entscheidungen treffen und danach handeln: Tiere üben ebenfalls Einfluss aus und verschaffen sich Geltung. Tiere widersetzen sich und begehren gegen menschliche Vormacht auf, arbeiten und leben aber auch mit Menschen zusammen. Orang-Utans machen zum Beispiel gemeinsame Sache, um aus Tiergärten auszubrechen, weshalb man sie stets wieder umquartieren muss.[3] Bienen beratschlagen, wo sie wohnen und wen sie angreifen sollen. Polizeihunden steht in manchen englischen Städten nach ihrem berufstätigen Leben eine Altersrente zu. Schweine entfliehen dem Schlachthof. Elefanten zertrampeln menschliche Behausungen. Delphinsoldaten desertieren. Gänse tragen Gebietsstreitigkeiten mit Menschen aus. Orcas in Gefangenschaft töten ihre Trainer. Biber helfen Bauern beim Schutz vor Überflutungen. Nutztiere arbeiten mit Menschen zusammen oder verweigern sich.[4]

Obwohl auch Tiere fühlen und denken können, gelten sie in den meisten Ländern vor dem Gesetz als Sachen. Sie haben keinen Einfluss auf politische Entscheidungen, die ihr Leben betreffen, oder auf konkrete Maßnahmen, die ihre Bewegungsfreiheit regulieren. Das mag logisch erscheinen: Menschenpolitik ist für Menschen da und wird nach Menschenart gemacht. Doch unsere politischen Entscheidungen haben eben auch große Auswirkungen auf das Leben von Tieren. Menschen bestimmen darüber, wo sie leben, wie sie leben, und oft auch, wann und wie sie sterben.

Diese tief in unserem Denken und unserer Kultur verankerte Hierarchie zwischen Menschen und Tieren zieht große gesellschaftliche Probleme nach sich. In den Niederlanden leben und sterben jährlich mehr als 500 Millionen Tiere[5] für die Fleischindustrie – unter erbärmlichen Bedingungen; zahllose andere Tiere kommen in Versuchslaboren zu Tode und werden für das Wohlergehen des Menschen getötet. Wieder andere leiden als Haustiere unter Vereinsamung oder Verwahrlosung. Eine derart intensive Nutzung von Tieren ist für unseren Planeten und somit für zukünftige Generationen untragbar. Die Viehwirtschaft ist einer der Hauptverursacher der Klimaproblematik[6], und deren Folgen betreffen vor allem arme nichtwestliche Menschen.[7] Es ist also nicht nur im Interesse der Tiere, dass in Bezug auf das Verhältnis zwischen Mensch und Tier ein Umdenken stattfindet und anders gehandelt wird.

Tierpolitik

In der Tierrechtsphilosophie wird, wie ich im folgenden Kapitel eingehender erörtern werde, seit den siebziger Jahren des vorigen Jahrhunderts dargelegt, dass Tiere auch moralisch eine Rolle spielen. Weil sie Gefühle hätten und ihr Leben als »Selbst« lebten, hätten sie genauso wie der Mensch ein Recht darauf, in Freiheit zu leben und nicht für die Nutznießung anderer herhalten zu müssen.

Es ist noch längst nicht so weit, dass Tieren dieses Recht eingeräumt wird, doch seine Notwendigkeit scheint meiner Ansicht nach hinlänglich bewiesen. Schweine, Fische, Hunde, Schlangen, Pferde, Eisbären, Schmetterlinge, Maulwürfe und alle anderen nichtmenschlichen Geschöpfe haben ein Leben, an dem ihnen mehr als an allem anderen gelegen ist. Es steht dem Menschen daher nicht zu, Taschen aus ihrer Haut zu machen, sie bei lebendigem Leib zu rupfen, sie zu essen oder in zu kleinen Käfigen zu halten.

Die Tierrechtsphilosophie befasst sich vor allem mit der Frage, wie Ausbeutung und »Vernutzung« von nichtmenschlichen Lebewesen beendet werden können, und weniger damit, wie wir die Beziehungen zu ihnen stattdessen gestalten sollten. Die Neugestaltung der Beziehungen ist freilich eine wichtige Frage, denn wir alle teilen uns schließlich einen Planeten, und da ist es unvermeidlich, dass wir miteinander in Berührung kommen. Gute Beziehungen sind auch durchaus machbar, und es gibt sie bereits, man kann also auf sie verweisen, um Menschen dazu anzuregen, ihr Verhalten zu ändern. Wenn wir Tiere als Individuen mit eigenen Interessen ernst zu nehmen gedenken, müssen wir in Erfahrung bringen, was sie selbst eigentlich wollen, und dürfen nicht von vornherein den Kontakt zu ihnen als unerwünscht abtun. Sonst würden wir ihnen nur erneut unsere Regeln aufdrücken.[8] Nichtmenschliche Lebewesen sind nicht dumm; sie haben ihre eigenen Sprachen und Kulturen, die wir in vielen Fällen verstehen oder kennenlernen können. Tiere in dieser Weise ernst zu nehmen, setzt mehr voraus, als nur ihre Interessen in ein bestehendes System aufzunehmen: Wir müssen uns Gedanken darüber machen, wie wir ihnen bei den Angelegenheiten, die ihr Leben betreffen, eine Stimme verleihen können.

Ein anderes Zusammenleben mit Tieren ist nicht nur für diese selbst von Belang, sondern auch aus demokratischer Warte. Tierrechte, wie etwa das Recht, nicht getötet, gefoltert oder in Gefangenschaft gehalten zu werden, würden die Lage von Tieren erheblich verbessern und sind für viele von ihnen buchstäblich lebenswichtig. Aber mit solchen Rechten allein ist es noch nicht getan. In einer Demokratie geht es nicht nur darum, Zugang zu einem bestimmten System oder Rahmen zu erhalten, es ist ebenso wichtig, dass man die Möglichkeit bekommt, das System, das heißt die Bedingungen, unter denen man lebt, mit zu beeinflussen. Sonst bleibt man immer von denen abhängig, die für einen bestimmen, wie man sein Leben einrichten darf. Die Interessen nichtmenschlicher Wesen müssen demokratisch mitgewogen werden, weil sie in unserer Gesellschaft leben und weil unsere Entscheidungen ihr Leben maßgeblich beeinflussen. Gewährt man Tieren jedoch lediglich Zugang zu einem menschlichen System, indem man ihnen beispielsweise Rechte zubilligt, bleiben sie von den Menschen abhängig, die das System bestimmt haben und weiterhin bestimmen werden. Ein wirklich über die Menschenpolitik hinausreichendes Denken muss beinhalten, dass Tiere über die Gestaltung der Gesellschaft mitbestimmen können.

Menschen denken häufig, dass man, um politisch handeln zu können, über bestimmte Eigenschaften im Bereich von Kognition, Sprache und kultureller Organisation verfügen müsse und nichtmenschliche Wesen diese Eigenschaften nicht hätten. Das beruht auf einem stereotypen Bild von Tieren und von Politik. Bei Überlegungen zur politischen Partizipation von Tieren und der Neugestaltung einer Gesellschaft für alle wäre es daher wichtig, dass sowohl untersucht wird, wie Tiere handeln, als auch neu formuliert wird, was Politik in der Beziehung zwischen den Arten eigentlich beinhaltet und was sie beinhalten kann. Politik ist mehr als nur Ausdruck der herrschenden Macht. Das Politische umfasst auch alle Praktiken, mittels deren diese Macht hinterfragt und auf politische Entscheidungen und Handlungsweisen eingewirkt wird. Politik besteht nicht nur in der offiziellen Spitze, zu der nur wenige Zugang haben, sondern sie stellt ein ganzes System aus miteinander verwobenen Handlungen, Praktiken und Institutionen dar, worin Demonstrationen, Internetaktionen und politische Kunst genauso eine Rolle spielen wie Beratungen im Kabinett oder die Stimmabgabe bei Wahlen. Und hier üben Tiere verschiedener Arten Einfluss aus.

Viele Menschen denken, dass Tiere nicht zu politischem Handeln fähig seien, aber das wurde auch lange über Frauen gedacht und von Weißen über Schwarze, und diese Ansichten haben sich doch weitgehend gewandelt, wenn es auch nach wie vor Diskriminierung gibt und stereotype Denkbilder schwer auszumerzen sind. Nichtmenschliche Lebewesen sind auf vielen Ebenen anders als Menschen und stellen darüber hinaus keine homogene Gruppe dar, aber unter den Menschen gibt es auch sehr unterschiedliche Gruppen. Für den sozialen und politischen Fortschritt wäre es wichtig, über solche Unterschiede nachzudenken und auch darüber, was den Standard bestimmt, an dem wir andere messen.

Es hat vielleicht den Anschein, als müsse der Mensch sehr zurückstecken, wenn er anders mit Tieren umgehen wollte; als sei es ein Opfer, Tiere nicht mehr zu essen, ihnen den Lebensraum nicht mehr streitig zu machen oder sich nicht mehr mit ihrer Haut zu bekleiden. Aber man kann es auch anders sehen. Zu begreifen, dass man Teil eines gemeinsamen Ganzen und mit allen anderen Bewohnern zusammen auf diesem Planeten zu Hause ist, und sorgsam mit diesen anderen umzugehen, kann vielmehr eine Bereicherung sein. Die Welt, in der wir leben, gewinnt an Farbe und Kontur, wenn wir besser auf Tiere hören, sie besser wahrnehmen.[9] Lernen wir, auf der Grundlage von Gleichwertigkeit und Vertrauen anders mit Tieren zusammenzuleben, dann erfahren wir dadurch nicht nur viel mehr über diese Tiere, sondern auch über uns selbst und darüber, wie das Leben beschaffen ist; und unendlich viel Kummer und Leid blieben erspart.

Derzeit leben wir in einer von Menschen eingerichteten Gesellschaft, in der Tiere oft Leidtragende menschlicher Entscheidungen sind. Sie selbst haben kaum Möglichkeiten, ihre politische Lage zu verbessern, so dass gesellschaftliche Veränderungen beim Menschen beginnen müssen. Es ist aber auch nicht so, dass Tiere heute gar keine Stimme hätten: Sie verschaffen sich immer wieder Gehör. Neue Formen des Zusammenlebens müssen dort ansetzen, im Dialog miteinander.

1. Von Tierrechten zu Tierpolitik

Es hat Völker gegeben, die einen Hund zum König machten. Dort müssten die Menschen dann doch wohl Stimme und Bewegungen von Hunden verstanden haben, meinte der französische Philosoph Montaigne in seinen *Essais* (1595). Das stelle doch auch kein so großes Problem dar. Denn so unvollkommen unser Verständnis für Tiere sei, es genüge durchaus, um mit ihnen kommunizieren zu können.

Nichtmenschliche Lebewesen seien rationale Geschöpfe mit Gefühlen und einem guten Erinnerungsvermögen, so der griechische Denker Porphyrios (233 - ca. 305 n. Chr.) in seiner Schrift *Über die Enthaltsamkeit von fleischlicher Nahrung*, einem der ersten Plädoyers für den Vegetarismus. Sie seien vielleicht anders als Menschen, aber nicht grundlegend anders, und von Mensch zu Mensch gebe es ja auch große Unterschiede. Lebewesen verschiedener Arten, darunter Menschen, könnten einander verstehen lernen, und das Verständnis zwischen Lebewesen verschiedener Arten, die Lebensräume oder Gemeinschaften miteinander teilen, sei unter Umständen größer als das zwischen Menschengruppen, die weit voneinander entfernt lebten. Die Menschen aus Attica etwa könnten die Krähen dort besser verstehen als die Sprache der Perser, und Schafhirten und Schafe lernten, sich im Laufe der Jahre immer besser zu verständigen.

Montaigne und Porphyrios stellen die Gemeinsamkeiten von Menschen und Tieren heraus und die Möglichkeiten der Verständigung zwischen verschiedenen Arten. Damit bilden sie, zusammen mit einer Handvoll anderer Denker, die Ausnahme in der westlichen Philosophie, in der vor allem das Denken von Menschen über den Menschen Tradition hat. Das äußert sich sowohl in der Betonung der Verschiedenheit von Mensch und Tier – bedeutende Philosophen wie Aristoteles, Descartes und Kant sehen den Menschen als grundsätzlich verschieden vom Tier – als auch darin, dass der Mensch und die menschliche Erfahrung als Maßstab gelten, an dem alle anderen Lebewesen gemessen werden. Erst in den siebziger Jahren des vorigen Jahrhunderts wurden Tiere so richtig in die philosophische Agenda aufgenommen, etwa gleichzeitig mit dem Aufkommen der Tierrechtsbewegung, wie wir sie heute kennen. Die moderne Tierethik nahm aber schon viel früher ihren Anfang, mit einer Fußnote aus dem Jahre 1789.

Tierbefreiung und Tierrechte

»Der Tag mag kommen, an dem der Rest der belebten Schöpfung jene Rechte erwerben wird, die ihm nur von der Hand der Tyrannei vorenthalten werden konnte. Die Franzosen haben bereits entdeckt, dass die Schwärze der Haut kein Grund ist, ein menschliches Wesen hilflos der Laune eines Peinigers auszuliefern. Vielleicht wird eines Tages erkannt werden, dass die Zahl der Beine, die Behaarung der Haut oder die Endung des Kreuzbeins ebenso wenig Gründe dafür sind, ein empfindendes Wesen diesem Schicksal zu überlassen. Was sonst sollte die unüberschreitbare Linie ausmachen? Ist es die Fähigkeit des Verstandes oder vielleicht die Fähigkeit der Rede? Ein voll ausgewachsenes Pferd aber oder ein Hund ist unvergleichlich verständiger und mitteilsamer als ein einen Tag oder eine Woche alter Säugling, oder sogar als ein Säugling von einem Monat. Doch selbst wenn es anders wäre, was würde es ausmachen? Die Frage ist nicht: können sie verständig denken? oder: können sie sprechen?, sondern: können sie leiden?«[10]

Diese Fußnote, die der englische Philosoph Jeremy Bentham 1789 machte, fasse eigentlich die gesamte moderne Tierethik zusammen, wird manchmal scherzhaft behauptet. Benthams Argumentation ist simpel: Statt die Vernunft zum Ausgangspunkt dafür zu machen, wen wir als moralisch wertvoll erachten, sollte die Leidensfähigkeit das Kriterium sein, oder besser gesagt, das Vermögen, Schmerz und Freude zu empfinden. Ausgewachsene Pferde und Hunde seien vernünftigere Wesen als Menschenbabys, schreibt Bentham, doch aus ethischer Sicht solle es uns gar nicht darum gehen, ob ein Wesen sogenannte vernünftige Gedanken hegen kann oder nicht. Worauf es ankomme, sei, das Leiden weitestmöglich aus unserer Welt zu verbannen und das Glück für alle zu mehren.

Bentham war ein sogenannter Utilitarist. Er vertrat die Meinung, dass wir »the greatest good for the greatest number« anstreben müssten, also das größte Wohl für möglichst viele. Das Vorhandensein von Glück und die Abwesenheit von Leid seien die höchsten Werte im Leben, und moralisch gut handle demnach, wer dies beides anstrebe. Nicht nur für sich selbst, sondern für alle, um so das größtmögliche Wohlergehen in der Welt zu erreichen. Dementsprechend müssten alle Interessen berücksichtigt werden, ungeachtet dessen, wer sie hegt – bei der utilitaristischen Gleichung fällt jeder ins Gewicht, der leiden und Glück empfinden kann –, und auch ungeachtet, ob derjenige ein Fell trägt oder mehr als zwei Beine hat. Dass jeder ins Gewicht fällt, will übrigens nicht heißen, dass auch jeder gleich schwer wiegt.[11] Unterschiedliche Individuen haben unterschiedliche Interessen, und würde man sie alle gleich gewichten, würde das zu einer Ungleichbehandlung führen.

Nichtmenschliche Wesen können genau wie menschliche Wesen Schmerzen leiden und Freude empfinden. Nicht nur Haustiere, sondern auch landwirtschaftliche Nutztiere, Versuchstiere, für die Pelzindustrie gezüchtete Tiere und diverse andere haben ein Leben, dem sie selbst den größten Wert beimessen, ein Leben, in dem sie gute und schlechte Erfahrungen machen können. Aus ebendiesem Grund stehen Menschen unserer Meinung nach unveräußerliche Rechte zu, was sich im Gedanken universeller Menschenrechte niederschlägt. Tiere aber sind in unseren Augen weniger wert. Komisch, denn es ist doch Zufall, als welches Lebewesen man geboren wird, und Schmerz ist Schmerz, egal, wer diesen Schmerz verspürt.

Speziesismus und Anthropozentrismus

Die meisten Menschen sind gegen Diskriminierung aufgrund von Geschlecht, Hautfarbe oder sexueller Orientierung. Diskriminierung ist sogar verboten. Dass aber bei den Arten von Lebewesen Unterschiede gemacht werden, halten nur wenige für diskriminierend. Solcher Speziesismus ist eben oft mit Anthropozentrismus gepaart, also der Auffassung, der Mensch sei eine herausragende, den Tieren überlegene Art. Die Ansicht, dass Tiere weniger wert und grundlegend anders seien als Menschen, ist so tief verankert, dass viele von uns denken, das sei eine universelle Wahrheit. Es handelt sich jedoch um ein Phänomen der westlichen Kultur, mit Wurzeln in der griechischen Antike und Ausläufern in Christentum und Humanismus. In bestimmten nichtwestlichen Kulturen nimmt der Mensch diese Ausnahmestellung nicht ein. Die Berufung auf die Naturgegebenheit einer Konvention ist ohnehin problematisch, denken wir zum Beispiel an das Machtverhältnis zwischen Mann und Frau.

Oft wird bei der Differenzierung zwischen Mensch und Tier auf bestimmte Eigenschaften verwiesen, über die Menschen verfügten, Tiere aber nicht – es wird zum Beispiel argumentiert, dass Tiere keine Gefühle hätten, keinen Verstand, keine Sprache, keine Kultur und kein Bewusstsein von sich selbst. Eine solche moralische Schwelle zu errichten ist problematisch, denn worin einer gut ist und worin nicht, beruht auf Zufall, und es wird immer Tiere geben, die etwas können, was Menschen (und zwar nicht nur Säuglinge oder Menschen mit schweren Behinderungen) nicht können. Bleibt also nur, dass man Menschen als wichtiger erachtet, weil sie Menschen sind, und das ist eine Form von Diskriminierung: die eigene Art an erster Stelle.

Kritiker des Speziesismus ziehen daher die Analogie zu anderen Formen von Diskriminierung wie Sexismus oder Rassismus. Sie erkennen in der Diskriminierung aufgrund der Art die gleiche Struktur (was also nicht heißen soll, dass sie exakt dasselbe ist – alle Formen von Unterdrückung haben ihre eigene Geschichte und Ausprägung) und betrachten sie als genauso problematisch. Wir sollten bei unseren moralischen Entscheidungen nicht auf die Zugehörigkeit zu einer Art oder Gattung schauen, sondern darauf, welche Interessen das Wesen – Tier oder Mensch – hat, und gleiche Interessen gleich gewichten.

Von Tierbefreiung zu Tierrechten

Das wohl bekannteste Buch zum Thema Tierethik dürfte *Animal Liberation* (1975) (dt. *Die Befreiung der Tiere*, 2015) des australischen Philosophen Peter Singer sein, der von den Ideen Jeremy Benthams beeinflusst war. *Animal Liberation* gilt als die große Inspirationsquelle für die Tierbefreiungsbewegung, und für viele Tierrechtsaktivisten ist es nach wie vor das wichtigste Werk über den Umgang mit Tieren. Singer veranschaulicht – im wahrsten Sinne des Wortes, denn das Buch enthält Fotos und auch vegane Kochrezepte –, wie der Mensch Tiere behandelt. Er geht auf unseren Fleischkonsum ein, auf die Umstände, unter denen Tiere in der Viehwirtschaft und in Versuchslabors leben, und beleuchtet ihr Leiden unter Praktiken, vor denen die meisten Menschen lieber die Augen verschließen. Und er erläutert klar und deutlich, warum es falsch ist, Tiere für den menschlichen Nutzen leiden zu lassen. Singers Argumentation ruht auf zwei Pfeilern. Zum einen legt er dar, dass das größte Wohl für alle das Ziel sei, das wir moralisch anstreben sollten. Und da auch Tiere eine subjektive Lebenserfahrung hätten, ebenfalls Schmerzen und Freude empfänden, müssten wir ihr Glück bei jenem größten Wohl für alle mitberücksichtigen. Zum andern unterstreicht er, dass wir Tiere nicht benachteiligen dürften, weil sie einer anderen Art angehörten, da das, wie gerade gesehen, Speziesismus sei.

Singer führt überzeugend aus, dass wir bei unseren moralischen Entscheidungen alle Lebewesen miteinbeziehen müssen, da sie alle Interessen haben. Wie schon gesagt, sind die Interessen verschieden, weil sich Lebewesen voneinander unterscheiden. Singer meint, die Interessen einer Maus fielen weniger schwer ins Gewicht als die eines Menschen, weil eine Maus nicht so lange lebe, weniger über ihr Leben nachdenke, nicht so weit in die Zukunft plane und weniger wertvolle Beziehungen unterhalte. Bei der Einschätzung einer bestimmten Situation zähle jedoch nicht die Art, sondern das vorrangige Interesse. Wenn ein Haus brenne und man vor der Entscheidung stehe, ob man eine gesunde Maus rettet oder einen alleinstehenden, im Koma liegenden Menschen, der keine Chance hat, je wieder aufzuwachen, müsse man sich

Singers Meinung nach für die Maus entscheiden. Da die Interessen der Maus in diesem Fall schwerer wögen als die des Menschen.

Singers Buch hebt auf die Befreiung von Tieren ab. Dabei liegt für uns meist der Gedanke an Tierrechte nahe. Logisch, denn Rechte sind ein wichtiges Instrument zur Verbesserung der Lage von Tieren. Doch der Kampf um Rechte ist nicht das, was Singer intendiert. Singer vertritt die Ansicht, dass unser moralisches Handeln darauf ausgerichtet sein muss, jegliches Leid abzuwenden und das größtmögliche Wohlergehen für alle zu bewerkstelligen, und dass wir dafür auch mal einen Einzelnen opfern müssen.[12] Rechte dagegen sind gerade dazu da, den Einzelnen vor der Willkür und den Interessen anderer zu schützen. Daher postulieren auch viele Philosophen, dass nicht die Optimierung des Gemeinwohls unser Ausgangspunkt sein sollte, sondern vielmehr die unverletzliche Würde des Einzelnen.

Der Tierrechtsphilosoph Tom Regan schrieb 1983 mit *The Case for Animal Rights* eine Entgegnung auf Singers *Animal Liberation*. Er übernimmt darin Singers Argumente gegen den Speziesismus sowie dessen Gleichheitsgedanken, findet jedoch, dass auch für Tiere die Prämisse der Unverletzlichkeit des Einzelnen gelten müsse, auf die wir Menschen uns berufen. Die meisten nichtmenschlichen Lebewesen seien genau wie wir Menschen *subject-of-a-life*, also Geschöpfe mit einer subjektiven Lebenswelt.

Genau wie wir hätten sie nur dieses eine Leben, und das sei ihr größtes Anliegen. Da es diskriminierend und damit falsch sei, ein Wesen aufgrund seiner Zugehörigkeit zu einer bestimmten Art anders zu behandeln, müssten für Tiere die gleichen moralischen Regeln gelten wie für uns Menschen. Also dürften sie genauso wenig wie wir Menschen als Sklaven gehalten oder sonst wie ausgebeutet werden, etwa indem sie ihrer Milch oder des Fleischs ihrer Kinder wegen geschwängert würden. Tiere hätten nicht weniger als Menschen einen intrinsischen Wert, und der habe nichts mit Interessen zu tun, die gewichtet werden müssten. Der intrinsische Wert sei auch unabhängig von Verstand, Sprache oder sonstigen Fähigkeiten. Einzig relevant sei, ob man eine subjektive Erfahrung vom eigenen Leben habe. Regan meint, dass dieser Wert am besten durch Rechte zu schützen sei.[13]

Die politische Wende

In der Nachfolge von Regan und Singer war das Denken über Tiere jahrelang vor allem ethisch ausgerichtet und kreiste um folgende Fragen: Wie müssen wir, die Menschen, Tiere behandeln? Dürfen wir sie essen? Kosmetika an ihnen testen oder Medikamente? Hunde zu Helfern abrichten? Und warum oder warum nicht? Tierrechtstheoretiker hoben insbesondere darauf ab, dass die Ausbeutung von Tieren durch Menschen beendet und solcherlei Bevormundung mittels garantierter Rechte verboten werden müsse. Derartige Rechte, wie etwa das Recht, nicht getötet, gefoltert oder gefangen gehalten zu werden, nennt man auch negative Rechte. Dass diese Denker gerade darauf abhoben, ist logisch, da so viele Tiere leiden und Rechte für sie im wahrsten Sinne des Wortes eine Frage von Leben und Tod sind.

Allein mit negativen Rechten ist es freilich nicht getan. Für uns Menschen sind Rechte, die uns vor Übergriffen anderer schützen sollen, zwar von großer Bedeutung, doch sie sind kein Garant für ein lebenswerteres Leben und lassen die Beziehungen, die uns formen, unberücksichtigt. Wir legen auch Wert darauf, dass wir uns entwickeln können – zum Beispiel mittels Ausbildung, Gesundheitsversorgung und gewinnbringenden Beziehungen. Neben den negativen Rechten, die uns vor Übergriffen anderer behüten sollen, haben wir deshalb positive Rechte, die uns den Freiraum garantieren, eigene Entscheidungen zu treffen und so unsere Lebensgestaltung selbst in die Hand zu nehmen.

Nichtmenschliche Lebewesen sind genau wie Menschen mehr als irgendwelche theoretischen Objekte. Sie gehen Beziehungen zu anderen ein, lieben, denken und haben genau wie Menschen individuelle Präferenzen, die nichts mit der Zugehörigkeit zu einer bestimmten Art zu tun haben. Neuere Forschungen bestätigen, was schon Montaigne und Porphyrios dachten: Tiere sind

Individuen mit jeweils eigener Lebensanschauung, und wir Menschen verstehen sie manchmal und haben Beziehungen zu ihnen, durch die sie uns auch beeinflussen. Diese Beziehungen sind unleugbar und lassen sich nicht einfach beenden: Wir leben auf ein und demselben Globus, und das Leben von Mensch und Tier ist oft eng verwoben. Wir sollten auch gar nicht anstreben, diese Beziehungen zu beenden: Soziale Wesen der verschiedensten Arten, unter anderem Menschen, brauchen Kontakte zu anderen, um gedeihen zu können, und es ist wertvoll für sie, selbst über deren Gestaltung bestimmen zu können. Würde der Mensch entscheiden, dass der Kontakt zwischen Mensch und Tier prinzipiell falsch ist, weil Tiere gegenwärtig oft so schlecht von Menschen behandelt werden, wäre das eine Bevormundung, man würde die Tiere und die gemeinsamen Beziehungen wieder nicht ernst nehmen und so tun, als seien nichtmenschliche Lebewesen Gegenstände. Stattdessen sollten wir untersuchen, welche Beziehungen Tiere untereinander und zu Menschen wollen, wie wir unseren Planeten mit verschiedenen Arten teilen und wie wir Beziehungen und Gemeinschaften gemeinsam neu gestalten können.

In den vergangenen Jahren war von einer sogenannten »politischen Wende« im Denken über Tiere die Rede. Will sagen, dass verschiedene Denker aus dem Zweig der politischen Philosophie, wo man sich bis dahin ausschließlich mit Menschen befasst hat[14], nun auch nichtmenschliche

Lebewesen ins Auge fassen. Politische Begriffe wie Demokratie, Staatsbürgerschaft und politische Rechte werden herangezogen, um unsere Beziehungen zu Tieren umzudeuten und umzugestalten. Das liefert ein komplett neues Instrumentarium für das Denken über die Beziehungen zwischen Mensch und Tier. Das wohl wichtigste Werk innerhalb dieser Strömung ist das Buch *Zoopolis* (2011), in dem die politischen Philosophen Sue Donaldson und Will Kymlicka eine Theorie politischer Rechte für Tiere entwickeln.[15] Die politische Philosophie setzt sich generell mit dem Zusammenleben verschiedenartiger Gruppen auseinander und eignet sich nach Meinung von Donaldson und Kymlicka daher auch hervorragend für das Denken über Tiere. Nichtmenschliche Lebewesen können Teil unserer menschlichen Gemeinschaften sein und bilden ihre eigenen Gemeinschaften. Erkenntnisse über das menschliche Zusammenleben liefern hilfreiche Hinweise darauf, wie wir anders mit Tieren umgehen könnten und warum wir das tun sollten. Da die politische Philosophie untersucht, inwieweit bestehende Praktiken und Institutionen ihre Berechtigung haben, sind ihre Erkenntnisse auch richtungweisend für Überlegungen zu gesellschaftlichen Veränderungen, zum Beispiel der Übertragung moralischer Rechte auf bestehende Praktiken und Institutionen.

Donaldson und Kymlicka gehen wie die schon genannten Tierrechtstheoretiker von dem Gedanken aus, dass nichtmenschlichen Lebewesen unveräußerliche Rechte zustehen, weil sie Individuen mit ureigenen Interessen sind. Angenommen, Tiere verfügten über eine Anzahl von Grundrechten, wie etwa dem Recht, nicht getötet, misshandelt oder gefangen gehalten zu werden, dann sähe die Welt schon anders aus.[16] Doch allein mit dem Recht, nicht getötet oder gequält zu werden, ist es nicht getan. Wir Menschen haben auch Rechte, die mit der Zugehörigkeit zu einer bestimmten Gemeinschaft verbunden sind – wie zum Beispiel das Recht auf Wohnen, das Recht, zu wählen und sich selbst zur Wahl zu stellen, oder auch Arbeitsrechte wie das Recht auf angemessene Arbeitsbedingungen, auf eine Altersrente und eine faire Entlohnung. Wie diese Rechte ausgestaltet sind, hängt davon ab, wo man geboren ist: Niederländer haben andere Rechte als Menschen, die in den Niederlanden Urlaub machen, und genießen ihrerseits im Ausland nicht automatisch die dort geltenden Rechte – man hat nicht das Recht, in Thailand zu wählen oder in den USA zu arbeiten. Auch haben Menschen allerlei kulturelle, historische und politische Beziehungen zu Tieren, aus denen sich Donaldson und Kymlicka zufolge diverse Rechte und Pflichten politischer Gemeinschaften ableiten.

In *Zoopolis* regen sie daher an, Tiere je nach Art ihrer Beziehung zu menschlichen politischen Gemeinschaften als politische Akteure – Wesen, die politisch handeln können – zu betrachten. Das klingt komplizierter, als es ist. Es gibt Tiere, mit denen Menschen in enger Verbindung zusammenleben, wie etwa Haustiere und Tiere auf dem Bauernhof. Es gibt Tiere, die ihre eigenen Gemeinschaften bilden und den Kontakt zu Menschen weitmöglich meiden, sogenannte Wildtiere. Und es gibt Tiere, die in der Nähe von Menschen leben, aber in ihrer Sicherheit und ihrem Wohlergehen nicht von diesen abhängig sind. Je nachdem, welcher dieser Gruppen die Tiere angehören, müssten sie Rechte und Pflichten im Verhältnis zu ihrer Beziehung zu menschlichen politischen Gemeinschaften haben. Donaldson und Kymlicka schlagen eine entsprechende Differenzierung nichtmenschlicher Lebewesen nach drei Kategorien vor. Domestizierte Tiere müssten als Staatsbürger gelten. Wildtiere seien als souveräne Gemeinschaften zu betrachten. Tiere, die in der Nähe von Menschen leben – Donaldson und Kymlicka nennen sie *liminal animals*, Schwellenbereichstiere, dazu gehören zum Beispiel Ratten, Tauben, Kohlmeisen oder verwilderte Katzen –, sollten als *denizens* gelten, als Einwohner eines Landes, die aber keine Staatsbürger sind, so wie etwa auch eingegliederte Ausländer mit gewissen Aufenthaltsrechten.

Der Mensch hat durch Zucht, Mast, Käfighaltung, Dressur und dergleichen Praktiken die körperliche Verfassung und das Verhalten von domestizierten Tieren verändert. Das hat bei manchen Arten dazu geführt, dass sie ohne menschliche Hilfe nicht mehr überleben oder ein lebenswertes Dasein führen können. Daraus leitet sich für den Menschen die Verpflichtung ab, für diese Tiere zu sorgen. Die Eigenschaften, die domestizierte Tiere im Zusammenleben mit Menschen entwickelt haben, ermöglichen ja auch einen intensiveren Umgang miteinander. Sie sind Menschen gegenüber meist sanftmütiger, zutraulicher und verspielter als ihre wilden Vettern. So, wie sich die Situation heute darstellt, sind insbesondere die zu dieser Kategorie zählenden landwirtschaftlichen Nutztiere wie Schweine, Kühe und Hühner der Massentierhaltung unterworfen und werden zum Nutzen des Menschen getötet. Universelle Tierrechte würden dieser Praxis schon einen Riegel vorschieben. Doch alle domestizierten Tiere sollten auch vollwertige Mitglieder der Gemeinschaft sein, in der sie leben – Menschen haben sie, häufig gewaltsam, in ihre Gemeinschaften hereingeholt, und nun, da sie hier verwurzelt sind und oft nicht mehr anderswo heimisch werden können, wäre es unfair, sie sich selbst zu überlassen, was im Übrigen auch gar nicht nötig ist. Donaldson und Kymlicka meinen daher, dass diesen Tieren Mitgliedschaftsrechte im Rahmen der Staatsbürgerschaft zustehen. Die Staatsbürgerschaft beruhe auf drei Elementen: Man ist im Land geboren, macht einen Teil der Bevölkerung aus und ist imstande, über den Kurs der Gemeinschaft demokratisch mitzubestimmen. Die beiden erstgenannten Voraussetzungen erfüllten domestizierte Tiere sowieso, doch sie hätten, wie Donaldson und Kymlicka meinen, auch die Kompetenz, demokratisch zu handeln. Sie stützen sich hier auf Erkenntnisse aus der theoretischen Behindertenforschung, genauer gesagt, auf neuere Literatur zur Staatsbürgerschaft von Menschen mit geistiger Schwerbehinderung. Ich werde weiter unten noch ausführlicher darauf zurückkommen. Wichtig ist, dass Tiere nicht als Untertanen betrachtet werden, die der Mensch in allem bevormunden kann, sondern als Mitbürger, die über ihre und unsere Lebensbedingungen mitbestimmen können. Unter die bürgerlichen Rechte für diese Tiere fallen unter anderem das Recht auf Wohnen, das Recht auf den Schutz vor Missbrauch durch Menschen und vor Gefahren wie Feuer und Überschwemmungen, das Recht auf Gesundheitsversorgung, Arbeitsrechte, das Recht auf Sozialisierung innerhalb einer Gemeinschaft – menschliche und nichtmenschliche Lebewesen müssten in der Schule lernen, wie sie in ihrer Gemeinschaft mit den anderen zusammenleben können – und das Recht darauf, über die Gestaltung der gemeinsamen Gesellschaft mitzubestimmen.

Kritiker von Donaldson und Kymlicka zweifeln an, dass Tiere (generell, auch domestizierte Tiere) zu den von ihnen angeregten Formen der politischen Partizipation fähig sind.[17] Man schreibt nichtmenschlichen Lebewesen oft zu, dass sie anarchistisch und egoistisch seien, immer nur auf die direkte Befriedigung ihrer Bedürfnisse (wie Fressen und Sex) aus. Donaldson und Kymlicka legen dar, dass man damit nicht nur Tiere in ein falsches Licht rücke, sondern auch verkenne, wie Menschen moralische und politische Entscheidungen treffen und wie sie zusammenleben. Neuere Untersuchungen der Moralpsychologie zeigen, dass Menschen längst nicht immer so überlegt handeln, wie wir gerne denken. Moralische Entscheidungen werden normalerweise nicht nach gründlicher Überlegung getroffen. Sieht man jemanden ertrinken, reagiert man sofort und denkt erst im Nachhinein darüber nach, wie sich das Ganze abgespielt hat. Im täglichen Umgang mit anderen wird unser Handeln auch durch diverse Angewohnheiten, Umgangsformen, angeborene Reaktionen und hin und wieder auch mal Reflexionen gelenkt. In der politischen Kommunikation gelten zwar formale Regeln, doch auch dort kommen neben rationalen Argumenten Elemente wie Körpersprache, Emotionen, Rhetorik, Storytelling und vorhandene oder nicht vorhandene Empathie zum Tragen. Darüber hinaus sorgen bestimmte Rituale für einen reibungsloseren Ablauf des politischen Spiels, etwa die Ankündigung eines Redners, die Zuweisung der Redezeit und der Gebrauch bestimmter Anreden. Wo man es mit Vernunft und wo mit Emotion zu tun hat, ist zudem nicht so leicht zu unterscheiden, wie es scheinen mag, und nicht allein Worte untermauern ein Argument. Der Kontext, die Form der Darlegung, die Haltung des Sprechers und die soziale Einbettung sind mindestens genauso einflussreich.

Andere soziale Wesen halten sich genauso an Regeln, unter ihresgleichen wie gegenüber anderen Arten, etwa Hunde gegenüber Menschen.[18] Sie kennen gemeinsame kulturelle Gepflogenheiten, und die Erziehung des Nachwuchses besteht zu einem Teil darin, ihm diese in der Gruppe beizubringen. Das gilt sowohl für artspezifische Umgangsformen – man denke an junge Hunde, die von älteren lernen, wie man sich untereinander begrüßt – als auch für Umgangsformen gegenüber anderen Arten; ein Hund lernt genauso, Menschen richtig zu begrüßen, wie Menschenkinder den richtigen Umgang mit Hunden lernen. Wenn solche Umgangsformen zur Gewohnheit geworden sind, wird automatisch darauf zurückgegriffen. Soziale Konventionen fungieren in der Gesellschaft als eine Art Schmiermittel: Man muss sich nicht jedes Mal wieder überlegen, wie man zu reagieren hat, und man kann davon ausgehen, dass andere ähnlich reagieren. Untersuchungen zur Moralität in Tierkulturen haben bei verschiedensten Arten eine Vielzahl meist in der Jugend erlernter Formen des Umgangs und der Kommunikation miteinander beobachtet. Dieses Verhalten reicht von Weißbüscheläffchen, die lernen, dass sie andere ausreden lassen müssen, über Elefanten, die von den Matriarchinnen in ihrer Gruppe über ihre Sprache und Kultur unterrichtet werden, bis hin zu Ratten, die lernen, nicht nur Bekannten, sondern auch Fremden zu helfen, wenn diese in Not sind.[19]

In puncto Tiere und Moralität wird oft davon ausgegangen, sie handelten rein instinktiv, während der Mensch von seiner Intelligenz geleitet sei. Diese Trennung zwischen Intelligenz und Instinkt ist ein relativ neues Konstrukt.[20] In der uns heute vertrauten Bedeutung wird der Begriff Instinkt erstmals im Mittelalter verwendet, beeinflusst vom Christentum, das gern die niederen Triebe verdammte und die Menschen dazu anhielt, sie zu zügeln. Tiere wurden als törichte Geschöpfe betrachtet, die, wie der einflussreiche Denker René Descartes meinte, noch am ehesten mit Uhrwerken zu vergleichen seien, Maschinen ohne Erkenntnis oder Bewusstsein von sich selbst. Menschen könnten ihre Instinkte kraft Überlegung bezwingen, und das sei löblich. Wir wissen unterdessen, dass Tiere sehr wohl überlegt handeln und sich an soziale Regeln halten müssen, um in einer Gruppe funktionieren zu können, und dass Menschen regelmäßig unüberlegt handeln oder ohne Rücksicht auf andere. Nichtmenschliche Lebewesen stellen ihre eigenen Bedürfnisse manchmal hintan, wenn die Gruppe es verlangt, und Tiere vielerlei Arten, von Krähen über Hunde bis hin zu Makaken, können sich in andere hineinversetzen. Bestimmte Ausdrucksformen sind angeboren und brauchen nicht erlernt zu werden, an anderen Umgangsformen – und das gilt für menschliche wie für nichtmenschliche Wesen – muss ein Leben lang gefeilt werden.[21]

Souveräne Gemeinschaften und der geteilte Lebensraum

Nicht alle Tiere können oder wollen in der Gemeinschaft mit Menschen leben, und nicht alle Tiere haben ein Recht darauf. Wildtiere brauchen den Menschen nicht für ein lebenswertes Dasein und meiden den Menschen eher. Sie bilden autonome Gemeinschaften und sind den Herausforderungen, die das Leben an sie stellt, normalerweise gewachsen. Deshalb sollten sie laut Donaldson und Kymlicka als souveräne Gemeinschaften aufgefasst werden, die eigenständig sind und sich auf ihre jeweils arttypische Weise selbst lenken. Damit soll aber nicht gesagt sein, dass ihnen nur die oben erwähnten universellen negativen Rechte, wie etwa das Recht darauf, nicht getötet zu werden, gewährt werden müssen. Vielmehr steht ihnen auch das Recht auf Schutz ihres Lebensraums zu – weltweit werden die Habitate wildlebender Tiere immer stärker bedroht, weil sie von Menschen eingenommen oder unbrauchbar gemacht werden –, und zwar sowohl vor direkten als auch vor indirekten Schädigungen, zum Beispiel durch Verschmutzung und akustische Störungen. Wo immer möglich, muss der Mensch Land an die Tiere, die dort gelebt haben, zurückgeben. Davon abgesehen sollte er Tieren auch Hilfe leisten, zum Beispiel bei Naturkatastrophen, so wie es unter Menschengemeinschaften üblich ist.

Die letzte Kategorie in der von Donaldson und Kymlicka entwickelten Systematik umfasst Tiere, die unter Menschen leben, ohne domestiziert zu sein. Diese Gruppe ist im Hinblick auf ihre Beziehungen zum Menschen und deren Geschichte sehr heterogen, so dass sich Rechte und Pflichten schwerer festlegen lassen. Tiere dieser Kategorie hätten, so Donaldson und Kymlicka, wie alle anderen das Recht darauf, nicht getötet oder gefangen genommen zu werden. Einige weitere Rechte ergäben sich aus ihrer spezifischen Situation. Da wäre erstens das Recht, nicht stereotypisiert und diskriminiert zu werden – Ratten zum Beispiel wurden im Laufe der Geschichte verteufelt und haben darunter zu leiden, und Tauben haben in vielen Großstädten vergleichbare Probleme. Zweitens stehe ihnen das Recht zu, irgendwo zu wohnen – unter Umständen in unserem Garten, wenn sie dort schon länger ansässig sind, doch damit soll nicht gesagt sein, dass sich alle neu hinzukommenden Tiere automatisch auch dort ansiedeln dürfen. Und schließlich gebe es für sie auch noch Rechte und Pflichten als Mitbewohner mit Semistaatsbürgerstatus. Zu den Pflichten könnte zum Beispiel gehören, dass sie die Menschen, in deren Nähe sie leben, nicht angreifen. Rechte könnten sich auf die geteilte Nutzung privater oder öffentlicher Räume, auf den Gebrauch von Lebensmitteln, ja vielleicht sogar auf die Benutzung öffentlicher Verkehrsmittel beziehen. In Moskau fahren streunende Hunde schon mal mit der U-Bahn.

In der Tierphilosophie ist viel über domestizierte und wildlebende Tiere geschrieben worden, während die Tiere im Grenzbereich dazwischen weitgehend unberücksichtigt blieben. Donaldson und Kymlicka nehmen diese Gruppe in ihre Überlegungen auf und illustrieren, wie viele Beziehungen möglich sind und wie viele Variationen es innerhalb dieser Beziehungen gibt. Damit machen sie zugleich deutlich, wie schwierig es ist, alle diese Tiere in einem System unterzubringen.[22] Es gibt nicht nur viele Tierarten, sondern innerhalb der Arten die verschiedensten Gruppen, und diese Gruppen können wiederum höchst unterschiedliche Beziehungen zu Menschen oder anderen Tieren unterhalten. Katzen sind anders als Kaninchen, aber Kaninchen gehören auch nicht ein und derselben Gruppe an – es gibt wilde, zahme und verwilderte Kaninchen, Kaninchen, die als Haustiere gehalten werden, als Versuchstiere oder zur Nutzung ihres Fells oder Fleischs. Auch sind die Beziehungen zwischen Mensch und Kaninchen von Kultur zu Kultur verschieden. Dennoch ist die Einteilung von Donaldson und

Kymlicka sehr nützlich. Wenn wir über den Status quo hinausdenken und festlegen wollen, was fair und gerecht ist, empfiehlt es sich, die Beziehungen innerhalb von und zwischen Gemeinschaften genauer anzuschauen. Das Modell von Donaldson und Kymlicka liefert einen neuen Ansatz für das Denken über Beziehungen zwischen Mensch und Tier. Die politische Philosophie bietet neue Sichtweisen auf Tiere, und das Denken über Tiere kann politische Begriffe wie Staatsbürgerschaft und Demokratie in einem neuen Licht erscheinen lassen.

Donaldson und Kymlicka gehen bei ihrer Theorie von bestehenden liberaldemokratischen Praktiken und Institutionen aus. Sie setzen bei dem an, was wir Menschen jetzt haben, und schlagen vor, das auf Tiere zu übertragen. Das ist zwar von großem praktischem Nutzen, doch die Übertragung eines menschlichen Systems auf Tiere birgt den Nachteil, dass die dem System zugrundeliegende Hierarchie zwischen Mensch und Tier bewahrt wird. Wie das funktioniert, werde ich im folgenden Abschnitt anhand der Machtverhältnisse aufzeigen, die unser Bild von Mensch und Tier bestimmen.

»Der Mensch« versus »das Tier«: Machtverhältnisse und Poststrukturalismus

Es gibt verschiedenartigste Tiere, große, kleine, scheue, zutrauliche, blaue, braune, schnelle, ruhige, quirlige, behaarte und nackte. Dennoch benutzen wir für alle diese Wesen ein und dasselbe Wort: Tier. Nach Meinung des poststrukturalistischen französischen Philosophen Jacques Derrida, der für seine Arbeiten über Macht und Sprache bekannt ist, war die Tierfrage eine fundamentale für das westliche Denken[23], weil westliche Philosophen die Unterscheidung zwischen Mensch und Tier immer wieder zum Ausgangspunkt für die Definition dessen genommen haben, was der Mensch und was Denken sei. Derrida vertritt die Auffassung, dass damit ein falscher Gegensatz zwischen Mensch und Tier kreiert worden sei. Dieser Gegensatz sei nicht neutral: Der Mensch sei zum Standard erhoben worden, und jeder, der davon abweiche, sei der Andere. Machtverhältnisse spielten dabei eine große Rolle.[24] Die Geschichte von »der Mensch« versus »das Tier« macht das sehr deutlich.

Die Kategorie »Mensch« verweist nicht zwangsläufig auf alle Menschen. Der Mensch der Aufklärung ist männlich, weiß und mit bestimmten Eigenschaften ausgestattet. Nicht zufällig hatte ebendieser Mensch seinerzeit das Sagen. Im Laufe der Zeit wurde die Kategorie »Mensch« erweitert – Schwarze kämpften für Bürgerrechte, die ihnen nach und nach zugebilligt wurden, Frauen desgleichen. Derrida zeigt auf, dass dieser Verlauf, der für unterdrückte Gruppen, rein praktisch gesehen, natürlich sehr bedeutsam ist, auch Probleme mit sich bringt. Denn nimmt man die dominante Gruppe einer Gesellschaft zum Ausgangspunkt für moralische Würdigung und die Zubilligung von Rechten und fügt dann andere Gruppen auf der Grundlage von Ähnlichkeiten mit dieser ersten Gruppe hinzu, so hält man die bestehende Hierarchie intakt, da das zugrundeliegende System des »wir« versus »sie« unverändert bleibt. Derrida hält es daher für keine gute Idee, einfach die Menschenethik auf Tiere auszuweiten, wie das in der Tierethik gebräuchlich ist. Er stellt die Kategorie »Mensch« zur Diskussion und vertritt die Meinung, dass wir nach einer neuen Ethik suchen müssen, welche die früheren Ausgrenzungen nicht wiederholt.

Der Posthumanist Cary Wolfe[25] veranschaulicht anhand des Great Ape Project (GAP) sehr gut, was Derrida meint. Das GAP – initiiert von einem kleinen Kreis von Philosophen und Tierforschern, darunter auch Peter Singer – argumentiert, dass nichtmenschlichen Primaten bestimmte elementare Menschenrechte zustünden, weil sie in vielerlei wichtigen Aspekten den Menschen gleich seien. Sie sollten daher das Recht auf Leben und individuelle Freiheit und den Schutz vor Folter genießen. Das könne ein erster Schritt auf dem Weg zu solchen Rechten auch für andere Tiere sein. Es klingt logisch, zu argumentieren, dass Menschenaffen das gleiche Recht auf Leben und Freiheit haben sollten wie Menschen, weil sie von diesen Rechten genauso viel hätten wie Menschen. Cary Wolfe sieht hier freilich zu Recht ein Problem. Denn mit der Forderung, Menschenaffen die gleichen Rechte zuzubilligen, weil sie Menschen ähnlich seien, wird an der Zuordnung zu verschiedenen Kategorien festgehalten, die zur Ausgrenzung geführt haben. Wenn Menschenaffen Menschenrechte erhalten, wird lediglich die Gruppe der »Menschenartigen« erweitert, aber nichts an der Gegenüberstellung von einem »wir« mit einem »sie« geändert. Das »wir« ist nur etwas größer geworden.

Um diese Polarisierung überwinden zu können, müssen wir als Erstes begreifen, wie groß die Verschiedenartigkeit zwischen Arten und innerhalb von Arten, zwischen sozialen Gruppen und unter Individuen ist, und dass das für Menschen genauso gilt wie für andere Lebewesen. Diese unter den Sammelbegriff »Tiere« zu fassen, ist daher schon irreführend: Es verschleiert die Verschiedenartigkeit nichtmenschlicher Lebewesen und setzt sie stärker gegen den Menschen ab. Sie sind nicht einfach »Tiere«. Unter dem Dach dieses Wortes wohnen unzählige Lebewesen, von Hydropolypen[26] über Springspinnen bis hin zu Elefanten. Indem dieses Wort jedoch alle Tiere umfasst, vergrößert es noch den Gegensatz zwischen Mensch und Tier. Derrida weist darauf hin, dass Sprache so die Diversität verbräme und eine künstliche Grenze ziehe. Das hat politische Konsequenzen – danach bemisst sich zum Beispiel, wer Teil der politischen Gemeinschaft sein kann und wer nicht. Und es ist schon für sich ein politischer Vorgang, denn es trennt Gruppen voneinander und etabliert eine Hierarchie.

Die Sprache unter die Lupe zu nehmen, ist in diesem Zusammenhang also von politischer Bedeutung. In der Menschensprache wird zwischen Menschen und Tieren unterschieden. Das ist in der philosophischen Tradition überdies häufig begleitet von der Definition, was denn Sprache sei: die Sprache des Menschen. Etliche Philosophen behaupten, dass die Sprache des Menschen die einzige wirkliche Sprache sei, die sich kategorisch von den Ausdrucksformen anderer Lebewesen unterscheide, auch wenn diese vielleicht fähig seien, zu kommunizieren und zu reagieren. Sie verbinden das daraufhin mit einem bestimmten Bild von der Vernunft und vertreten die Auffassung, dass nur Menschen denken könnten, weil nur Menschen sprechen könnten. Das ist ein Zirkelschluss: Die mächtige Gruppe definiert einen Begriff auf der Grundlage dessen, was er für sie selbst bedeutet, und leitet dann daraus ab, dass der Begriff auf eine andere Gruppe nicht zutrifft. Die Entscheidung darüber, was Sprache ist und was nicht, entspringt also keinem objektiven Ermessen, sondern hängt mit Machtverhältnissen zusammen, damit, wer den begrifflichen Rahmen von Sprache abstecken kann.

Der australische Philosoph Dinesh Wadiwel[27] weist auch darauf hin, dass es einen Zusammenhang zwischen der scharfen Grenzziehung zwischen »Mensch« und »Tier« und der Gewalt gegen Tiere gebe. Viele Tierschutzaktivisten glauben, dass Menschen ihr Verhalten ändern würden, wenn sie erst sähen, was mit Tieren geschieht – in Schlachthöfen und Versuchslabors, auf Viehtransporten. Doch nicht wenige Menschen haben Zugang zu solchen Bildern und ändern ihr Verhalten dennoch nicht. Sie lassen sich zum Beispiel ein Würstchen schmecken, während sie auf Facebook heimlich in einem Schlachthof gemachte Fotos mit einem empörten Kommentar versehen. Tierphilosophen bezeichnen das als Fleischesser-Paradox: Die Menschen finden es schlimm, wenn sie sehen, dass Tiere gequält werden, doch daran denken sie nicht, wenn sie ihre Einkaufsliste zusammenstellen oder ihr Bier nicht ohne die Fleischkrokette dazu genießen können. Wadiwel erklärt dieses Phänomen mit der Unterscheidung zwischen verschiedenen Formen von Gewalt. Zum einen gibt es die direkte Gewalt: Ein Mann schlägt einen Hund, ein Schlachthofmitarbeiter tritt auf eine Kuh ein. Das gilt für uns als Gewalt. Zum anderen gibt es institutionelle Gewalt. Tiere werden zum menschlichen Nutzen massenhaft gequält und getötet, und unsere Gesellschaft ist so eingerichtet, dass wir das nicht als Verbrechen betrachten. Das drückt sich zum Beispiel darin aus, dass wir Tiere essen, oder auch in der Tatsache, dass Tiere nicht politisch repräsentiert werden. Alles ganz normal, finden wir, mit Gewalt hat das nichts zu tun. Verantwortlich dafür ist die erkenntnistheoretische Komponente der institutionellen oder strukturellen Gewalt: Allen unseren Erkenntnissystemen liegt eine Hierarchie zwischen Menschen und anderen Lebewesen zugrunde. Wir halten Menschen für wichtiger als Tiere, und das spiegelt sich in Gesetzen, in der Wissenschaft und in kulturellen Äußerungen wider. Wenn wir die strukturelle Ausbeutung von Tieren anprangern wollen, genügt es also nicht, diese buchstäblich sichtbar zu machen, sondern wir müssen verdeutlichen, dass es sich um Ausbeutung handelt, und das bedeutet, dass wir die Machtverhältnisse zwischen Menschen und Tieren auf verschiedenen Ebenen der Gesellschaft sichtbar machen müssen. Dazu müssten wir laut Wadiwel vor allem die Ausnahmestellung des Menschen hinterfragen.[28] Anders ausgedrückt: Wenn wir Missstände in der Fleischindustrie anprangern wollen, genügt es nicht, diese aufzudecken und die rechtlichen Bestimmungen ein wenig anzupassen, etwa mit einer Verordnung über die Videoüberwachung in Schlachthöfen. Wir müssen uns vielmehr die Grundsatzfrage stellen, ob wir Tiere überhaupt benutzen dürfen, und die Macht, die sich der Mensch selbst angemaßt hat, kritisch beleuchten.

Derrida, Wadiwel und Wolfe, von denen die Stellung des Menschen zu Recht moniert wird, legen dar, welche Denkmuster unseren politischen Systemen zugrunde liegen. Dort müssten Veränderungen ansetzen. Doch wie solche Veränderungen konkret aussehen könnten, verraten sie nicht. Sie üben vor allem Kritik, unterbreiten aber keine besseren Alternativen. Schade, denn wenn wir wirklich über den Menschen hinausdenken wollen, genügt es nicht, das nur aus menschlicher Warte zu tun.

Derrida schreibt, es gehe nicht darum, den Tieren die Fähigkeit zu sprechen wieder zuzugestehen.[29] Wir müssten vielmehr einsehen, dass es kein Gebrechen ist, nicht sprechen zu können, sondern ein Anderssein. Das klingt schön und stellt zu Recht das Denken aus einem »wir« heraus infrage, welches einer anderen Gruppe etwas zugestehen kann oder nicht. Menschen haben nicht die Allmacht über die Sprache, auch wenn sie es selbst gerne glauben. Aber bei dem Ganzen wird auch außer acht gelassen, dass Tiere ja bereits eine Sprache haben, ob Menschen sie nun als solche anerkennen oder nicht, und damit wird die Möglichkeit ausgeschlossen, mit ihnen zu kommunizieren und mit ihnen gemeinsam zu erforschen, was »Sprechen« in Beziehungen zwischen Wesen verschiedener Arten bedeutet.

In einem solchen Prozess können bestehende politische Praktiken und Institutionen, auch wenn sie auf den Menschen ausgerichtet sind, sehr wohl eine Rolle spielen. Von Menschen zugebilligte Rechte für Tiere dürfen nicht das Ende der Fahnenstange sein, aber sie können durchaus Veränderungen anstoßen, weil sie die Stellung von Tieren in der Gesellschaft verändern und die Stellung des Menschen hinterfragen. Rechte haben im Laufe der Geschichte häufiger ihre Bedeutung geändert, und irgendwo müssen wir schließlich anfangen.

Menschen sind auch nichts anderes als Tiere

Wenn wir das Gespräch mit Tieren suchen, sollten wir zuallererst begreifen, dass Menschen auch nichts anderes als Tiere sind. Der amerikanische Philosoph Matthew Calarco (2016) meint, dass wir nicht so tun sollten, als seien Tiere wie Menschen, um ihnen auf dieser Grundlage Rechte zuzubilligen, sondern wir vielmehr davon ausgehen sollten, dass wir als Menschen auch Tiere sind. Damit meint er nicht bloß die Anerkennung biologischer Übereinstimmungen. Die sind ohne Frage vorhanden: Wir haben 98,7 Prozent unserer DNA mit Schimpansen und Bonobos gemein (und übrigens auch 50 Prozent unserer DNA mit Blumenkohl). Doch erst wenn wir begriffen, dass wir spezielle Tiere unter allen anderen Tieren sind, sei ein Wandel im Denken und Handeln möglich. Wir haben mit Tieren gemein, dass wir einen Körper haben, wachsen, träumen, dass wir andere lieben und die, die wir lieben, verlieren können. Wir sind abhängig von der Welt, die uns trägt, und manchmal auch von den anderen, die uns tragen, wir sind allesamt verletzlich. In unserem

Handeln sind wir immer schon von anderen Lebewesen – menschlichen und nichtmenschlichen – beeinflusst, und wir beeinflussen deren Leben durch unser Handeln. Menschen wissen auch nicht alles und sind nicht allmächtig. Keiner hat die Entscheidungsgewalt darüber, dass er geboren wird oder nicht sterben muss.

Die Untersuchung von Gemeinsamkeiten zwischen Menschen und Tieren kann auch politisch eine Rolle spielen. In den letzten Jahren wurde das Augenmerk dabei in wachsendem Maße auf Parallelen zwischen verschiedenen Formen von Unterdrückung gerichtet, etwa aufgrund von Hautfarbe, Geschlecht, sozialer Schicht oder Gattung. Im Feminismus zum Beispiel. Eine weiße Heterofrau kann es genauso mit Sexismus zu tun bekommen wie eine lesbische Schwarze, und die obendrein mit Rassismus und Homophobie. Diese Frauen sind also mehreren Arten von Diskriminierung ausgesetzt. Ein Feminismus, der sich nur der Probleme weißer Frauen annimmt, grenzt bestimmte Gruppen aus und droht, andere Formen von Unterdrückung zu ignorieren oder gar zu verleugnen. Die soziale Gerechtigkeit, für die er kämpft, käme dann eigentlich wieder nur der privilegierten Gruppe zugute. Das ist unfair und theoretisch inkonsequent, weil es der Erfahrung einer großen Gruppe von Frauen nicht gerecht wird und die Machtstrukturen nur teilweise zurechtrückt. Bei einer intersektionalen Analyse[30] dagegen werden verschiedene Arten der Diskriminierung in Relation zueinander untersucht, um sowohl die Erfahrungen von Individuen als auch die Machtstrukturen in Gesellschaften besser deuten zu können.

Ökofeministinnen[31] haben bereits in den siebziger Jahren des vorigen Jahrhunderts auf die strukturellen Parallelen zwischen der Unterdrückung von Frauen und der Ausbeutung von Tieren hingewiesen. Der Ökofeminismus befasst sich damit, inwieweit die Unterscheidung zwischen Natur und Kultur einem patriarchalen Wertesystem entspringt. Frauen werden – ebenso wie nichtmenschliche Lebewesen und übrigens auch Gruppen nichtwestlicher Menschen – oft der Seite der Natur zugeordnet, während weiße Männer[32], historisch gesehen die dominante Gruppe, die Kultur repräsentierten. Das ist keine neutrale Unterscheidung, denn Kultur hat einen höheren Stellenwert als Natur, und das eine wird mit Vernunft gleichgesetzt, das andere mit Emotion. Damit werden jene, die der Seite von Emotion und Natur zugeordnet werden, als dem rationalen kulturellen Menschen gegenüber minderwertiger eingestuft. Auch hier gilt, dass es zur Beleuchtung dieses Problems nicht genügt, zu betonen, Frauen oder nichtwestliche Menschen seien genauso rational oder kulturell wie weiße Männer, da es zwischen und innerhalb der Gruppen diverse Verschiedenheiten gibt. Stattdessen gehört das Wertesystem mit den Unterscheidungen, auf die es sich stützt, auf den Prüfstand.

Ein gutes Beispiel für einen intersektionalen Ansatz liefert das Buch *The Sexual Politics of Meat* (1990) (dt. *Zum Verzehr bestimmt: Eine feministisch-vegetarische Theorie*, Guthmann-Peterson, Wien 2002) der amerikanischen Feministin Carol J. Adams. Adams analysiert die Zusammenhänge zwischen patriarchalen Werten und Fleischkonsum. Sie macht deutlich, dass die »Objektifizierung« von Tieren und von Frauen ein und derselben Logik folgt. Und die geht so: Im Supermarkt wird Fleisch in appetitlichen rosa Stücken angeboten, die mit dem Tier, aus dessen Körper sie herausgetrennt wurden, keine Ähnlichkeit mehr haben. Menschen brauchen Tiere nicht mehr selbst zu schlachten, um sie essen zu können, aber das ist noch nicht alles, sie brauchen das Tier nicht einmal mehr als Tier zu erkennen. Das spiegelt sich auch in der Sprache wider: Tiere werden als »Fleisch« verkauft, als wären sie nie mehr gewesen als für den menschlichen Konsum bestimmte Körper, nie fühlende und denkende Wesen. Wenn man nur einen losgelösten Körperteil sieht, ist der, um den es sich dabei handelt beziehungsweise zu dem das Körperteil gehört, ausgeblendet. Adams spricht hier von »abwesenden Referenten«. Frauen werden in ähnlicher Weise objektifiziert wie Tiere, in der Werbung und in pornographischen Darstellungen – man denke an die Werbung für Unterwäsche oder Bikinis, bei der Körper ohne Kopf abgebildet werden, an Strumpfwerbung, die nur Beine zeigt, oder die Darstellung eines weiblichen Pos aus Käselaiben, mit der für Gouda geworben wird. Mit so etwas wird die Individualität der Abgebildeten ausgewischt: Die Betroffenen sind nur noch Körper, Vertreter einer Art (Frau, Huhn, Schwein). Das versteht man unter Objektifizierung: Subjekte werden zum Ding gemacht. Sowohl das Hühnchen, dessen Schlegel wir verspeisen, als auch die Frau ohne Kopf in der Werbung sind keine individuell unterscheidbaren Hühnchen oder Frauen mehr, sondern werden zum Konsumprodukt.

Es gibt noch weitere Bezüge zwischen Sexismus und Speziesismus. Tiere zu essen gilt in westlichen Kulturen als männlich – dazu fällt einem der bärtige Mann im Holzfällerhemd ein, der ein Stück Fleisch am Spieß grillt, oder der landläufige Besucher eines Steakrestaurants. Das verweist natürlich auf ein eindimensionales Bild von Männern als urwüchsigen Jägern gegenüber dem Stereotyp von Frauen als fürsorglichen Hausmütterchen und/oder Lustobjekten. Menschen denken oft, das sei von Natur aus so, während unsere Auffassungen von »Mann« und »Frau« einschließlich der damit einhergehenden Ausdrucksformen kulturelle Konstrukte sind. Das sieht in anderen Kulturen ganz anders aus. Zudem lässt sich aus dem, wie etwas ist, niemals ableiten, wie es sein sollte. Eine weitere Parallele besteht darin, dass weibliche Tiere spezifischen Formen von Ausbeutung unterworfen sind. Sie werden gegen ihren Willen geschwängert, müssen Kinder gebären, die ihnen weggenommen werden, oder in einem fort Eier legen, und Kühen und

Ziegen wird neben den Kindern auch noch die Muttermilch genommen. Der Tierrechtsphilosoph Gary Francione sagt daher, in einem Glas Milch oder einem Sahneeis stecke noch größeres Leid als in einem Steak. Damit die Viehwirtschaft brummt, braucht es viel mehr weibliche als männliche Tiere (mit dem Samen eines einzelnen Bullen können zum Beispiel zahllose Kühe befruchtet werden). Der männliche Nachwuchs ist meist überschüssig, und so werden Bullenkälber fast alle jung getötet, und Hähnchenküken wandern an ihrem ersten Lebenstag in den Häcksler oder werden vergast.

Adams will mit ihrer Analyse nicht etwa die Ausbeutung von Tieren mit der Unterdrückung von Frauen gleichsetzen, sondern lediglich gewisse Übereinstimmungen und strukturelle Parallelen deutlich machen. Keine tierischen Produkte mehr zu verwenden wäre ihrer Meinung nach die beste Gegenmaßnahme. Über soziale Medien trägt Adams beispielhafte Abbildungen zusammen, wo die Unterdrückung von Frauen und Tieren zusammenfällt. Beispielsweise wenn ein gerupftes Hühnchen ohne Kopf im Bikini gezeigt wird, ein Mann, der in ein Frauenbein beißt, als handle es sich um einen Hühnchenschlegel, oder die Illustration von Schweinen in tief dekolletierten Minikleidchen, die Schweinefleisch anpreisen. Bilder wie diese – ebenso wie die von fröhlichen Kühen, Hühnern oder Schweinen, die auf Werbeträgern von Schlachtereien und Viehtransportern Körperteile von toten Artgenossen anpreisen – formen unser Denken und unseren moralischen Rahmen. Damit wird uns vorgegaukelt, die Tiere seien mit ihrer Tötung einverstanden, ja, es mache sie sogar fröhlich.

Sexismus und Speziesismus sind nicht die einzigen Formen von Diskriminierung, bei denen es Übereinstimmungen zwischen Menschen und Tieren gibt. So befassen sich die dekolonialen Denkerinnen Aph und Syl Ko zum Beispiel mit Parallelen zwischen der Unterdrückung von Schwarzen und der Unterdrückung von Tieren.[33] Sunaura Taylor[34] zieht Vergleiche zwischen der Diskriminierung behinderter Menschen und der nichtmenschlicher Lebewesen. David Pellow[35] setzt sich mit der Bewegung »Black Lives Matter« auseinander und was davon auf den Umgang mit Tieren übertragbar ist. Solche Untersuchungen zu Parallelen zwischen verschiedenen Formen von Diskriminierung sind nicht nur von Bedeutung, um zu verstehen, wie die Welt beschaffen ist. Sie können auch praktischen Nutzen haben, weil unterschiedliche soziale Bewegungen stärker sind, wenn sie ihre Kräfte bündeln. Es wäre ja auch seltsam, wenn man die Unterdrückung der eigenen Gruppe schlimm findet, die anderer Gruppen aber nicht oder womöglich sogar dabei mitmacht. Leider ist es aber noch oft so, dass Menschen vor allem Menschen im Blick haben, wenn sie sich Gedanken über Unterdrückung machen, und Tiere für sie einen grundlegend anderen Stellenwert haben. Um stärker dazustehen, muss die Tierrechtsbewegung unbedingt den Dialog mit anderen Bewegungen suchen.

Zu den Tieren selbst

Erkenntnisse aus politischer Philosophie und Bürgerrechtsbewegungen können zwar hilfreich sein, wenn es darum geht, unsere Beziehungen zu Tieren zu überdenken, doch es genügt nicht, wenn wieder nur Menschen über Tiere nachdenken, denn dann wird wieder über den Kopf der Tiere hinweg definiert, wie die Welt läuft. Um Tieren gerecht zu werden und anthropozentrische und stereotype[36] Ansichten über Tiere hinter uns zu lassen, müssen wir mit den Tieren selbst in Dialog treten. Das beginnt damit, dass wir untersuchen, wie wir bereits miteinander kommunizieren. Die amerikanische Wissenschaftsphilosophin Donna Haraway[37] weist darauf hin, dass der Mensch sowohl individuell als auch als Volk oder Gemeinschaft in großem Maße davon beeinflusst wird, dass er die Welt mit anderen Lebewesen teilt. Auf individueller Ebene kann die Beziehung zu einem Tier, zum Beispiel einem Hund, unseren Blick auf die Welt verändern. So beschreibt Haraway, wie das Geschicklichkeitstraining mit ihrem Hund Cayenne Pepper ihrer beider Welt und ihre Gemeinsamkeit nachhaltig veränderte. Auf der Ebene von Gemeinschaft und Kultur haben sich Hunde und Menschen durch Prozesse gegenseitiger Domestizierung aufeinander eingestellt. Hunde haben zum Beispiel zu bellen gelernt, um Menschen anzusprechen, und es gibt sogar Forscher, die überzeugt sind, dass Menschen zur Sprache gefunden haben, um mit Hunden kommunizieren zu können (das ist allerdings eine höchst umstrittene Theorie). Schließlich macht sich der Einfluss von Hunden (und anderen Tieren) auch chemisch bemerkbar. Wenn Hunde und Menschen, die sich mögen, einander ansehen, produzieren beide das Liebeshormon Oxytocin, wie das auch bei sich liebenden Menschen der Fall ist, Liebespaaren etwa oder Mutter und Kind.

Westliche Menschen neigen dazu, sich für Einzelwesen zu halten, doch wir werden immer in einen Kontext geboren: in Beziehungen, die uns prägen, in eine Kultur, die vorgibt, wie wir uns und andere begreifen, und in einen materiellen Körper. Auf diesen Ebenen werden wir nicht nur von anderen Menschen, sondern auch von den nichtmenschlichen Lebewesen um uns herum beeinflusst. Manchmal sind Beziehungen und Begegnungen zwischen Menschen und Tieren politischer Natur, und diese schon bestehenden Interaktionen können Ausgangspunkt für weitergehende Überlegungen zu einer Politik mit Tieren sein.

2. Politische Tiere und die Menschenpolitik

In den fünfziger Jahren des neunzehnten Jahrhunderts fassten die amerikanischen Streitkräfte den Plan, beim Transport von Soldaten und Gütern Kamele einzusetzen. Sie seien eine gute Ergänzung zu den schon verwendeten Pferden, meinte man, denn Kamele sind ja für ihre Kraft und Ausdauer bekannt. Die Kamele waren freilich anderer Meinung. Sie weigerten sich, Befehlen zu gehorchen und mitzuarbeiten, sie spuckten und bissen. Die Soldaten bekamen Angst vor ihnen und wollten nicht mehr mit Kamelen arbeiten. Die Army schwenkte um: Kamele kamen nicht mehr zum Einsatz. Es habe sich nur um ein Experiment gehandelt, hieß es, doch in Wirklichkeit hatten die Kamele dieses Ergebnis herbeigeführt.[38]

Der Laurel Canyon Park in Los Angeles litt Ende der achtziger Jahre des vorigen Jahrhunderts unter schwerer Verwahrlosung. Er war Treffpunkt von Drogenabhängigen und Kriminellen, die ihn für ihre zwielichtigen Deals nutzten, und war völlig zugemüllt. Ältere Leute trauten sich gar nicht mehr in den Park hinein. Daraufhin beschloss eine Gruppe anwohnender Hundebesitzer, etwas dagegen zu unternehmen. Tag für Tag ließen sie ihre Hunde im Park von der Leine, so dass die Kriminellen schließlich das Weite suchten und der Park wieder für andere nutzbar wurde. Anwohner mit kleinen Kindern wollten die Hunde nun gern wieder angeleint sehen, doch das Wohlverhalten der Hunde ermöglichte eine gütliche Einigung unter den Parteien.[39]

Zwischen 1991 und 2010 tötete der Orca Tilikum drei Menschen, zwei SeaWorld-Trainerinnen und einen Obdachlosen. Tilikum war als Jungtier nahe Island eingefangen worden und blieb sein ganzes Leben lang in Meerestierparks von SeaWorld eingesperrt. Der Dokumentarfilm *Blackfish*, der SeaWorld und die Gefangenschaft von Orcas und Delphinen im Allgemeinen kritisch beleuchtet, hat diesen Orca zu einer seiner Hauptfiguren gemacht. Er illustriert, dass Tilikum, wie auch viele seiner Mitgefangenen, psychische Probleme entwickelte, die bei ihm dazu führten, dass er Menschen angriff. Solche gewaltsamen Übergriffe, die von Meerestierparks lieber unter den Teppich gekehrt werden, rückt die Dokumentation bewusst in den Mittelpunkt, um an dem Bild zu rütteln, dass große Meeressäuger in Gefangenschaft durchaus zufrieden lebten. Diese Taktik hat Wirkung gezeitigt. Seit *Blackfish* 2013 erstmals ausgestrahlt wurde, haben die Widerstände gegen SeaWorld zugenommen, und die Besucherzahlen gingen so sehr zurück, dass sich der Park zu einem Kurswechsel gezwungen sah. SeaWorld hat die Zucht von Orcas eingestellt und wird langfristig auch keine Orcas mehr in seinen Shows einsetzen. Wenn Tilikum diese Wende auch nicht im Alleingang bewerkstelligen konnte, so haben seine Taten doch maßgeblich dazu beigetragen.

Bei diesen drei Beispielen – es gibt noch viele weitere – haben die Taten nichtmenschlicher Lebewesen Einfluss auf politische, soziale und ökonomische Entscheidungen von Menschen ausgeübt. Im ersten Beispiel hat das Verhalten der Kamele direkte Auswirkungen auf eine politische Entscheidung. Im zweiten Beispiel werden Hunde von Menschen eingesetzt, um auf eine bestimmte Situation einzuwirken. Die Hunde haben sich das zwar nicht selbst ausgedacht, doch ihre Präsenz ist nötig, um ein erwünschtes Ergebnis zu erzielen, und sie können mit ihrer Haltung zum Erfolg einer Aktion beitragen. Im dritten Beispiel lassen sich eigentlich gleich zwei Formen politischen Handelns erkennen: Tilikum – wie auch viele andere in Gefangenschaft gehaltene Wildtiere – leistet systematisch Widerstand gegen seine Unterdrückung, indem er die Mitwirkung in den Shows verweigert, indem er Anweisungen nicht befolgt, ja, indem er sogar Gewalt gegen Menschen anwendet. Neben den direkten haben seine Taten auch indirekte Auswirkungen: Der Dokumentarfilm, in dem sie gezeigt werden, fungiert gewissermaßen als Sprachrohr für Tilikums Anliegen, welches dadurch ein großes Publikum erreicht. Im Grunde arbeiten der Orca und die Macher des Dokumentarfilms auf dieser Ebene zusammen. Und das hat wirtschaftliche Konsequenzen für das ihn ausbeutende Unternehmen; es wird gezwungen, seinen Kurs zu ändern.

Von alters her hat die Philosophie das Feld der Politik als Domäne des Menschen betrachtet. Doch auch Tiere haben, wie gezeigt, Beziehungen zueinander und zu Menschen, die zum Teil politischer Natur sind, da sie Machtverhältnisse, politisches Handeln oder sonstige Formen von Politik betreffen. Ein Nachdenken über die politische Interaktion mit Tieren setzt voraus, dass man mehr über deren Triebfedern weiß, und dazu braucht es eingehende Untersuchungen und einen anderen Umgang mit ihnen. Und wir müssen uns auch anschauen, wie Tiere jetzt schon politisch handeln, was wiederum die Frage aufwirft, worin eigentlich Politik besteht und in einem mehrartigen Kontext bestehen kann.

Politische »Agency«[40]

Menschen spielen zwar vielfach die dominante Rolle und bestimmen größtenteils über das Leben von Tieren, aber es ist dennoch nicht so, dass Tiere keinen Einfluss hätten. In der Tiergeographie wird schon länger darauf hingewiesen, wie die Präsenz und das Handeln von Tieren menschliches Handeln direkt und indirekt beeinflussen.

So geben Elefanten in Indien durch ihre Wanderwege vor, wo die Menschen Ackerbau betreiben können und wo nicht, ein Beispiel dafür, wie die Präsenz von Elefantengruppen die politisch-ökonomische Struktur einer Region mitbestimmt. Und in den Niederlanden beeinflussen Gänse die landwirtschaftlichen Aktivitäten in den Gebieten, in denen sie sich niederlassen – Bauern erhalten Ausgleichszahlungen für die von Gänsen bevölkerten Flächen und nutzen das auch gelegentlich weidlich aus. Die politische Geographin Kersty Hobson[41] weist darauf hin, dass nichtmenschliche Lebewesen in der politischen Geographie – dem Zweig der Geographie, der sich mit der Analyse, Kartierung und Deutung politisch-geographischer Strukturen befasst – lange nicht als handelnde Subjekte anerkannt wurden. Sie führt das darauf zurück, dass »das Politische« in der Geographie wie in der Philosophie eng umrissen ist. »Politik« verweise oft nur auf offizielle Institutionen, Verfahren und Instanzen. Doch seien auch solche Praktiken politisch, legt Hobson überzeugend dar, die die offizielle Politik infrage stellen, Aktivismus etwa, Demonstrationen, Internetaktionen und dergleichen. Wenn wir »Politik« weiter fassten, würde eher erkennbar, wie Tiere politisch handeln und wie sie politischen Einfluss ausüben.

Sie tun das zum Beispiel, indem sie sich mit Gewalt ihrer Unterwerfung widersetzen, indem sie die Flucht ergreifen oder auch mit Menschen zusammenarbeiten.

Obwohl sie nicht an der politischen Interaktion in Parlament oder Gemeinderat beteiligt sind, üben sie indirekt sehr wohl Einfluss auf die Entscheidungen aus, die dort getroffen werden. Haustiere tun dies auf individueller Ebene – wer mit einem Tier zusammenlebt, wird davon beeinflusst und lässt sich bei seinen Entscheidungen davon leiten. Das geschieht auch auf der Ebene von Gruppen, etwa wenn Möwen sich in der Stadt ansiedeln, weil sie sich dort gut von Pommes ernähren können, und die Kommune sich dadurch genötigt sieht, über reißfestere Müllsäcke nachzudenken und andere Maßnahmen zu ergreifen. Konflikte zwischen Gruppen wildlebender Tiere wie Elefanten oder Tiger und Menschengruppen können sich über mehrere Generationen erstrecken und großen Einfluss auf das Leben und die Organisationsformen der Menschen haben. Tiere in Gefangenschaft können Flucht- und Widerstandstaktiken an andere Gruppenmitglieder weitergeben, worauf wiederum Menschen reagieren, was möglicherweise zu einem anderen Vorgehen führt. So ist das Leben von menschlichen und nichtmenschlichen Wesen verwoben, und Tiere bestimmen in mehr oder weniger großem Ausmaß mit, wie die Gesellschaft, in der wir leben, aussieht.

Nicht jeder von uns dürfte der Überzeugung sein, dass es sich wirklich um einen politischen Akt handelt, wenn Tiere Widerstand leisten. Manche meinen, man könne bei Tieren erst von politischem Handeln sprechen, wenn sie begriffen, was Politik ist, und mit der Intention handelten, eine politische Struktur zu verändern. Die britische Philosophin Angela Pepper[42] definiert es folgendermaßen: Nur Wesen, die imstande seien, soziale Veränderungen zu bewerkstelligen, sich kollektiv Alternativen für die Zukunft zu überlegen und mit anderen zusammenzuarbeiten, seien politische Akteure. Pepper zufolge kommen nichtmenschliche Lebewesen nicht dafür in Betracht (als mögliche Ausnahmen nennt sie Elefanten, große Meeressäuger und Primaten), weil sie nicht das erforderliche abstrakte Denkvermögen und keine Sprache hätten, weshalb sie nicht verstünden, was denn politische Institutionen sind, und nicht miteinander darüber reden könnten. Pepper ist zwar der Meinung, dass Tiere durchaus Intentionen haben können (in puncto Fressen, Freunde oder eines kleinen Nickerchens zum Beispiel), jedoch keine politischen Intentionen. Sie glaubt sogar, es könne der Sache der Tiere schaden, wenn man ständig auf deren politischer Mitwirkung herumreite, weil das die Befürwortung einer besseren Behandlung der Tiere eher schwieriger und weniger eindeutig mache und es schon schwer genug sei, hierbei Veränderungen zu bewirken.

Will man Tiere als politische Akteure betrachten, stellen sich Pepper zufolge vier Probleme. Erstens könne mit Blick auf die Folgen von Taten, wie etwa die Reaktion von SeaWorld auf Tilikums Gegenwehr, praktisch alles als politisches Handeln aufgefasst werden. Genauso könne ein Gewitter die politisch-ökonomische Struktur einer Stadt beeinflussen, wenn etwa ein dadurch ausgelöster Stromausfall zu Tumulten führe, und doch wäre keiner so verrückt, ein Gewitter deswegen als politischen Akteur zu bezeichnen. Zweitens könnten Interaktionen mit Tieren laut Pepper nicht als politische Verhandlungen betrachtet werden, weil die Tiere nicht über ihre Standpunkte nachdenken, sondern lediglich ihre Vorlieben zum Ausdruck bringen könnten. Drittens, meint Pepper, bedürfe es, um von Politik sprechen zu können, menschlicher Reflexion, und Tiere könnten sich nichts unter einem so abstrakten Konzept vorstellen, das wäre seltsam. Viertens werde die Bedeutung des Begriffs »Politik« verwässert, wenn wir Tiere mit einschlössen, denn dann würde er auf weit mehr Handlungen und Praktiken verweisen als die, die wir jetzt unter Politik subsumieren.

An sich scheinen Peppers Einwände plausibel zu sein – natürlich bestehen diverse Unterschiede darin, wie sich Menschen und Tiere ausdrücken, was sie bewerkstelligen können und wie sie Gemeinschaften ausgestalten, und Menschen sind bestens dafür ausgerüstet, sich in der Menschenpolitik zurechtzufinden. Trotzdem kann man sie beanstanden, denn auch hier ist die Wirklichkeit wieder komplexer, als simple Zuordnungen uns glauben machen wollen.[43] So lässt sich, wie schon erläutert, keine scharfe Grenze zwischen »Mensch« und »Tier« ziehen. Unterschiedliche Tiere drücken sich auf unterschiedliche Weise aus, und manches davon hat große Ähnlichkeit mit menschlichem Handeln, anderes weit weniger. Zudem handeln Menschen wie Tiere immer innerhalb eines Netzwerks von Beziehungen, die Einfluss auf unsere politische Position haben. Wir können nicht so tun, als seien Tiere Atome, denn sie sind mit uns zusammen längst Teil von Gemeinschaften und Strukturen, die für sie allerdings weitgehend unfair sind und in denen ihr Reaktionsspielraum von den Machtverhältnissen mitbestimmt wird – siehe Domestizierung. Schließlich ist die Ansicht, dass nur die politische Intention eine Handlung politisch mache, wovon bei Tieren keine Rede sein könne, nicht nur eine Verkennung der Fähigkeiten von Tieren, sondern auch bestimmter Handlungen von Menschengruppen. Wenn Menschen zum Beispiel eine Region verlassen, weil das politische oder ökonomische Klima dort ungünstig für sie ist, können sie das mit oder ohne politische Intentionen tun, aber die sind es nicht allein, was ihrem Handeln politische Bedeutung verleiht. Manche Menschen können sich auch nur in begrenztem Ausmaß zur Wehr setzen, zum Beispiel weil sie arm sind und keine großen Möglichkeiten haben, ihre Lage zu ändern, Lohnsklaven etwa oder Kinderarbeiter. Vieles ist eine Frage der Interpretation. Für die einen ist Hausbesetzung ein explizit politischer Akt, während für andere (zumal in nichtwestlichen Ländern) darin manchmal die einzige Möglichkeit besteht, überhaupt an Wohnraum zu gelangen.

Wenn Politik von vornherein anthropozentrisch eingegrenzt wird, verwehrt man nicht nur Tieren den Zugang zur offiziellen Menschenpolitik, sondern es verstellt auch den Blick darauf, in welcher Weise sie sehr wohl politisch handeln und wie dies mal mehr und mal weniger der Menschenpolitik gleicht.

Berücksichtigt man diese Aspekte, relativieren sich Peppers Argumente. Die Begriffsverwirrung in puncto politisches Handeln ist weniger groß, wenn man »Tiere« nicht als eine homogene Gruppe sieht, sondern differenziert betrachtet, was bestimmte Gruppen und Individuen tun und in welchem Verhältnis das zum menschlichen politischen Handeln steht. Der strukturelle und kulturelle Widerstand von Orang-Utan-Gruppen beispielsweise, der sich darin äußert, dass sie gemeinsam aus Tierparks auszubrechen versuchen, was dazu führt, dass Menschen diese Gruppen trennen, hat eine erheblich andere Bedeutung – für uns und für sie – als ein Blitzeinschlag. Diese Tiere arbeiten im Rahmen ihrer Fluchtversuche zusammen (sie horten zum Beispiel Steine und halten für andere Besen fest, damit diese daran hochklettern können), geben Wissen aneinander weiter und schmieden gemeinsam Pläne für die Zukunft. Sie tun das in einem Kontext. Menschen verdienen mit der Gefangenschaft der Orang-Utans Geld, und diese haben kaum andere Möglichkeiten, ihre Lage zu verbessern. Ein Gewitter will keine Tumulte verursachen, ein Gewitter passiert einfach. Wo politisches

Handeln von Tieren anfängt und wo es aufhört, lässt sich schwer eingrenzen, zumal wir deren Verhalten oft noch nicht richtig deuten können. Klar ist aber, dass die Grenze nicht deckungsgleich mit der zwischen Menschen und Tieren gezogen werden kann, und über Grenzfälle lässt sich reden, wie das ja auch unter Menschen üblich ist.

Die Ansicht, dass Tiere nicht verhandeln könnten, weil sie nicht fähig seien, ihre Meinung zu überdenken, lässt sich im Licht wissenschaftlicher Untersuchungen zur Sprache nichtmenschlicher Lebewesen und zur mehrartigen Kommunikation sowie neuerer Gedanken zur politischen Kommunikation von Menschen nicht aufrechterhalten. Dazu mehr im nächsten Kapitel, wo ich mich mit der Frage der »Deliberation« befasse.

Das Argument, es müssten Menschen beteiligt sein, damit etwas politisch genannt werden kann, verdient eine ausführlichere Erörterung, als sie mir an dieser Stelle möglich ist. Nichtmenschliche Lebewesen stehen in Machtbeziehungen zu Menschen und zueinander und handeln auf Weisen, die wir politisch nennen können. Auch wenn sie selbst das Wort »politisch« nicht verstehen oder sich nichts unter dem abstrakten Begriff vorstellen können – und das dürfte wohl auf viele Tiere zutreffen –, erfahren sie die Folgen von Machtverhältnissen und handeln im Rahmen dieser Beziehungen. Sie haben es mit Ausbeutung und Unterdrückung zu tun, und zwar durch menschliches Handeln und das Handeln anderer Tiere.

Die Natur ist kein Ort der reinen Harmonie, voller Liebe und blühender Blumen[44]; die weitaus meisten wildlebenden Tiere sterben nicht lange nach ihrer Geburt, und es herrscht viel Leid unter ihnen.[45] Die Frage, ob Tiere untereinander politisch handeln und wie sich der Mensch dazu verhält oder verhalten sollte, ist aus meiner Sicht jedoch eine zweitrangige Frage. Die vorrangige Frage ist, wie wir die Beziehungen, die von Menschen dominiert werden, fairer gestalten können. Fast alle Tiere sind menschlichen Einflüssen ausgesetzt, auch diejenigen, die wir als »wild« betrachten. Wie das funktioniert, veranschaulicht eine neuere Untersuchung an Wapitihirschen sehr gut. Wapitihirschkühe lernen im Laufe ihres Lebens immer besser, Jägern aus dem Weg zu gehen, so gut sogar, dass praktisch keine mehr getötet wird, die einmal das Alter von zehn Jahren überschritten hat. Das sagt etwas über ihre Findigkeit aus, illustriert aber auch, dass sogenannte Wildtiere eigentlich ihr Leben lang durch Menschen diszipliniert werden.[46]

Das letzte Argument Peppers, dass die Bedeutung des Begriffs Politik oder politisches Handeln verwässert werde, wenn man auch das Handeln von Tieren so interpretiere, findet sich in vielen Diskussionen über Tiere. (Es kam übrigens auch in Diskussionen zum Frauenwahlrecht und zur Gewährung von Rechten an andere Menschengruppen zum Einsatz.) Ob es nun um Tierrechte, um Sprache, um Kultur oder um etwas anderes geht: Menschen befürchten rasch, dass ein Begriff seine Wertigkeit verliert, wenn er auf weitere Gruppen angewandt wird. Das ist bedauerlich, denn oft trifft genau das Gegenteil zu. Wir können ja gerade von anderen Kulturen, Arten und Gruppen lernen; das erweitert und bereichert Begrifflichkeiten. Tiere handeln anders als Menschen, aber anders heißt nicht minderwertiger oder schlechter, und es zeugt von Hochmut, wenn man die eigene Position zum Standard erhebt. Sich Gedanken darüber zu machen, was politische Begriffe im Hinblick auf Tiere bedeuten könnten, kann auch dazu beitragen, dass diese Begriffe klarer werden, wovon wir dann wiederum in unserem Denken über Menschen profitieren können.

Tiere und der Staat

Über Tiere und die etablierte politische Ordnung von uns Menschen lässt sich in zweierlei Richtungen nachdenken: Man kann untersuchen, wie Tiere Menschenpolitik infrage stellen, oder man überlegt sich, wie sie besser daran beteiligt werden könnten. Ich möchte zuerst auf Formen des Widerstands von Tieren eingehen, Verhaltensweisen, mit denen an der menschlichen Vormacht gerüttelt wird. Danach beleuchte ich, wie Stimmen und Taten nichtmenschlicher Lebewesen besser in der Menschenpolitik repräsentiert werden und Grundlage für die Entwicklung neuer Formen politischen Handelns sein könnten. Das bildet den Auftakt für das letzte Kapitel, in dem ich mich damit befasse, wie Tiere und Menschen mehrartige Gemeinschaften bilden könnten.

Widerstand als Ausgangspunkt für Veränderung

Die Elefantin Tyke arbeitete in einem Zirkus. Jahrelang wurde sie mit Misshandlungen dazu getrieben, Kunststückchen zu vollführen. Eines Tages griff sie während einer Vorstellung auf Hawaii plötzlich ihren Trainer an. Dann rannte sie hinaus, verletzte einen Clown aus dem Zirkus sowie zwei Polizisten und wurde erschossen. Der Fall wurde in der Presse breit ausgewalzt, und es hagelte Kritik an den miserablen Umständen, unter denen die Elefanten in jenem Zirkus gehalten wurden. Das führte zur Schließung gleich mehrerer Zirkusse und zu einer strengeren Gesetzgebung in Bezug auf die Nutzung von Wildtieren.

Tyke ist kein Einzelfall. Ein Blick in die Geschichte zeigt, dass sich die verschiedensten Tiere in Gefangenschaft widersetzt haben. Zirkusse, Aquarien, Zoos und andere Einrichtungen, die ihr Geld mit Besuchern verdienen, versuchen, solche Geschichten aber weitestmöglich vor der Presse geheim zu halten. Der Historiker Jason Hribal hat nachgeforscht, was über den Widerstand von Tieren bekannt geworden ist, und illustriert in seinem Buch *Fear of the Animal Planet* (2010), dass es sich dabei nicht um Einzelfälle handelt. Elefanten, Tiger, Seelöwen und diverse andere Tiere protestieren gegen ihre Gefangenschaft, indem sie auszubrechen versuchen und ihre Trainer oder Pfleger angreifen. Auch wildlebende Tiere begehren gegen menschliche Vormacht auf, wie etwa Gänse im Umfeld des Flughafens Schiphol, die zischend oder im Sturzflug auf ihre Widersacher losgehen und rabiate Gegenwehr leisten, wenn man sie oder ihren Partner einzufangen versucht, um sie zu vergasen, oder

Elefanten, die ein Dorf verwüsten, weil man dort ein Mitglied ihrer Gemeinschaft getötet hat.

Nicht nur Wildtiere leisten Widerstand. Auch Nutztiere und Haustiere tun es. Esel sind für ihren Starrsinn bekannt, die Kamele, von denen ich am Anfang dieses Kapitels schrieb, stehen ihnen darin in nichts nach; Schweine, Ziegen und Kühe haben ihre jeweils eigenen Methoden, sich Menschen zu widersetzen. Katzen werden eher nicht als Versuchstiere eingesetzt, weil sie keine Anweisungen befolgen. Sogar Hühner, die man vielleicht für gefügig hält, versuchen, sich mit aller Macht dem Zugriff zu entwinden, wenn man sie in Kisten pfercht, um sie zur Schlachtbank zu transportieren. Hribal vertritt darüber hinaus die These, dass der Widerstand von Nutztieren mit zur Beschleunigung der industriellen Revolution beigetragen habe: Der Mensch wollte nicht länger auf Tiere angewiesen sein, weil sie unzuverlässige Arbeitnehmer waren, und das beförderte die Entwicklung von Maschinen.[47] Der Widerstand von Nutztieren wird wie der von Wildtieren weitestmöglich totgeschwiegen, weil es die Industrie nur in ein schlechtes Licht rücken würde, wenn herauskäme, dass Tiere lieber nicht geschunden oder getötet werden möchten. Bauern stellen sich freilich auf derlei Widerstand ein – sie haben Zäune, Stöcke, Käfige und andere Hilfsmittel entwickelt, um ihm zu begegnen, und nutzen sogar Möglichkeiten der genetischen Anpassung der Tiere. Wie beim Menschen ist auch bei Tieren nicht jede Form von Gegenwehr gleich politischer Widerstand. Ein Tier, das einmal etwas nicht will, weil es keine Lust dazu hat, leistet keinen politischen Widerstand, sondern gibt einfach seiner Unlust Ausdruck und lässt es langsamer angehen, ähnlich wie bei einem Büroangestellten, der während der Arbeitszeit immer mal wieder nachschaut, ob Facebook-Updates eingetroffen sind. Wenn ein Nutztier jeden Tag eine bestimmte Arbeit zu erledigen hat und eines Tages beschließt, es nicht mehr zu tun, obwohl ihm klar ist, dass es dafür bestraft werden wird, kann man aber schon von Widerstand sprechen.

Widerstand ist eine interessante Form politischen Handelns, weil er sich gegen die etablierte Ordnung wendet. Mit Akten des Widerstands werden diese etablierten Machtverhältnisse infrage gestellt, ob durch Menschen oder durch Tiere. Naturgemäß haben solche Akte des Widerstands keine festgelegte Form. Die etablierte Ordnung bestimmt, was politisches Handeln ist, welche Ausdrucksformen ernst genommen werden und welche nicht, aber der Widerstand stellt gerade diese Ordnung infrage. Durch Widerstand können Aktivisten auf bestimmte Dinge aufmerksam machen, die im heutigen politischen System nicht ernst genommen werden. Wenn sich Aktivisten an Bahngleisen festketten, um den Transport von Giftstoffen zu verhindern, üben sie direkten, physischen Einfluss aus. Das Ziel ist jedoch, Bürger, Medien und Politik auf eine Sache aufmerksam zu machen, die ungenügend beleuchtet wird. Sich an Bahngleisen festzuketten ist kein Argument in einer Parlamentsdebatte, kann aber sehr wohl den Anstoß zu einer solchen Debatte geben und die Standpunkte der daran Beteiligten beeinflussen.

In der liberalen Tradition werden Akte bürgerlichen Ungehorsams – ideologisch motivierte Gesetzesverstöße – oft als Korrekturmechanismen in einem größtenteils gerechten System betrachtet. Kritiker dieses Gedankens, wie etwa der kanadische Philosoph James Tully[48], weisen freilich darauf hin, dass man zwischen politischen Spielregeln und politischem Spiel unterscheiden müsse. Menschen, die bürgerlichen Ungehorsam leisteten, hätten ja gerade oft keinen oder nur eingeschränkten Zugang zum offiziellen politischen Spiel. Sie bildeten also kein Korrektiv innerhalb einer liberalen Demokratie, sondern justierten die Bedeutung des Begriffs »Demokratie«, stellten also die Spielregeln infrage.

Nichtmenschliche Lebewesen haben keinen oder nur sehr eingeschränkten Zugang zu unserer menschlichen Demokratie. Sie können diese nicht mit Menschenworten infrage stellen, und wahrscheinlich verstehen sie wenig von dem, was wir mit dem Begriff »Demokratie« meinen. Dennoch machen sie durch ihr Handeln prinzipiell unfaire Aspekte unserer Gesellschaft sichtbar: Sie können zum Beispiel deutlich machen, dass sie unterdrückt werden und keine Möglichkeit haben, innerhalb des bestehenden Systems etwas daran zu ändern. Damit belegen sie die Ungerechtigkeit dieses Systems und demonstrieren eventuell, wie sie es lieber hätten. In welcher Art und Weise sie aufbegehren, mag sich von menschlichen Formen des Aufbegehrens unterscheiden – und auch Menschen nutzen dafür die vielfältigsten Möglichkeiten, die mehr oder weniger symbolischer Natur sein können –, doch es gibt durchaus gewisse strukturelle Übereinstimmungen.

Die Untersuchung solcher Parallelen kann uns besser verstehen lehren, was Tiere tun und wo die Grenzen des Politischen liegen. Ludwig Wittgenstein gebraucht in seiner Sprachphilosophie den Terminus »Familienähnlichkeit« zur Bezeichnung begrifflicher Gemeinsamkeiten. Ein Wort wie Widerstand kann mehrere Bedeutungen haben, die kein universales gemeinsames Merkmal besitzen, sich aber ähneln wie die Angehörigen einer Familie. So hat Bruder Jan die Nase von Opa Henk, Maartje hat den Humor ihrer Adoptivmutter Petra, und Cousin Barry hat den gleichen Gesichtsausdruck wie sein Hund Wim. Und so sprechen wir von Widerstand, wenn sich Greenpeace-Aktivisten an einem Schiff festketten oder wenn ein Elefant nach Jahren der Misshandlung seinen Trainer tottrampelt. Bei der Deutung politischer Akte von Tieren ist es sinnvoll, nach Parallelen zwischen Verhaltensweisen zu suchen und sie als Elemente einer Bedeutungsfamilie zu begreifen, die im Laufe der Geschichte anwachsen und sich verändern kann.

Es geht also nicht darum, Tieren neue Handlungsweisen beizubringen, damit sie besser in unser System passen und als politisch Handelnde anerkannt werden können. Vielmehr müssen wir sie anders sehen und auf dieser Grundlage anders mit ihnen umgehen. Wir müssen begreifen, dass sie schon immer politisch gehandelt haben. Der französische Poststrukturalist Jacques Rancière erörtert die politische Bewegung sehr schön am Beispiel des Menschen.[49] Seiner Meinung nach besteht Politik eigentlich in nichts anderem als dem Widerstreit zwischen der *»police«*, womit er die politische Ordnung meint, und der Gleichheit aller sprechenden Wesen. Demokratie sei die Handlung, die eine unterdrückte Gruppe unvermittelt als politische Gruppe erkennbar mache, welche Rechte einfordere, die ihr von jeher gebührten. Beispielhaft dafür steht Rosa Parks, eine Schwarze, die im Bus einen nur Weißen vorbehaltenen Sitzplatz einnahm und damit die bestehende Ordnung infrage stellte und ins Kippen brachte. Für Rancière ist die menschliche Sprache notwendige Voraussetzung für solche Handlungen, doch wie schon gezeigt, sprechen auch Tiere und werden von Menschen verstanden. Um sie besser verstehen zu lernen, bedarf es freilich noch einer Übersetzung. Der Altphilologe Stefan Dolgert[50] regt daher an, Tierethiker und Tierforscher mit ins Boot zu nehmen, will man Umwälzungen nach dem von Rancière beschriebenen Muster herbeiführen. Sie könnten den Menschen zu einer anderen Sicht von Tieren verhelfen und sie begreifen lassen, dass Tieren schon immer Rechte zustanden.

Tiere als politische Akteure innerhalb der bestehenden Menschenpolitik

Abgesehen davon, dass man sich anschauen sollte, durch welche Handlungsweisen Tiere unsere Macht über sie infrage stellen, ist es auch wichtig zu untersuchen, wie deren Einfluss in bestehenden politischen Institutionen und Praktiken vergrößert werden könnte. Wie im vorigen Kapitel erläutert, plädieren Donaldson und Kymlicka für die Staatsbürgerschaft für domestizierte Tiere. Sie schreiben nicht nur, dass wir die Interessen von Tieren bei unseren politischen Entscheidungen einbeziehen sollten, sondern weisen auch richtigerweise darauf hin, dass Tieren ein Recht auf Mitsprache hinsichtlich der Gestaltung der von uns geteilten Gemeinschaft zustehe. In einer Demokratie geht es nicht nur darum, dass man bei dem mitwirken kann, was andere für die Gesamtheit erdacht haben: Es ist auch wichtig, dass man seine Stimme erheben kann, wenn es um die Festlegung der Rahmenbedingungen für das Zusammenleben in der Gemeinschaft geht.

Donaldson und Kymlicka machen einen Unterschied zwischen domestizierten Tieren, die Gemeinschaften mit uns zusammen bilden, und Tieren, die ihre eigenen Gemeinschaften bilden. Domestizierte Tiere sollten ihrer

Meinung nach als Mitbürger in einer mehrartigen Gesellschaft gelten. Eine Staatsbürgerschaft setze, wie sie anführen, drei Kernelemente voraus: Besitz der Nationalität des betreffenden Landes (die erwirbt man meist dadurch, dass man in dem Land geboren wird), Zugehörigkeit zum souveränen Volk (dass man Teil des Volkes ist, in dessen Interesse die Regierung Entscheidungen trifft) und demokratische Handlungsfähigkeit. Sind die ersten beiden Voraussetzungen erfüllt, genüge das für die Staatsbürgerschaft – auch unter uns Menschen sind nicht alle zur demokratischen Mitwirkung fähig, geistig Schwerbehinderte zum Beispiel, Säuglinge und andere, sie werden aber dennoch als Mitbürger betrachtet. Nach Donaldson und Kymlicka erfüllten domestizierte Tiere durchaus auch die dritte Voraussetzung. Die werde häufig mit den folgenden Kriterien verknüpft: Man müsse einen Standpunkt haben und diesen anderen verdeutlichen können, man müsse Gesetze und Regeln befolgen können, und man müsse dazu imstande sein, diese mitzugestalten. Diese Aspekte werden oft übertrieben rationalistisch ausgelegt, um zu untermauern, dass Tiere keine Staatsbürgerschaft ausüben könnten. Doch auch Tiere haben subjektive Interessen und können diese kommunizieren, sie können sich an soziale Normen halten, und sie können über die Regeln des Zusammenlebens mitbestimmen, wenn man ihnen die Gelegenheit dazu gibt (Menschen, die mit Haustieren zusammenleben, können das bestätigen – Hunde wissen ganz genau, wie sie durchsetzen können, dass sie aufs Sofa dürfen). Eine Weiterentwicklung dieses Modells setzt ein Nachdenken über die artspezifischen Ausdrucksformen von Tieren und deren Beziehungen zu Menschen voraus.

Wegweisend könnte nach Donaldson und Kymlicka dabei sein, was neuere Arbeiten in der theoretischen Behindertenforschung zeigen. Hier befassen sich Denker unter anderem mit dem politischen Handeln von Menschen, die nicht »neurotypisch« sind und deswegen in verschiedenerlei Hinsicht, zum Beispiel weil sie nicht sprechen können, bei der politischen Partizipation im heutigen System zurückbleiben. Um geistig schwerbehinderten Menschen eine Stimme zu verleihen, könnte man Modelle der *dependent agency,* des abhängigen Handelns, entwickeln. Das heißt, Menschen, zu denen die geistig Schwerbehinderten eine enge Beziehung haben, interpretieren die von ihnen zum Ausdruck gebrachten Standpunkte und Wünsche, übermitteln diese an andere Menschen und sorgen so für die politische Repräsentation. Auch domestizierte Tiere haben oft enge Beziehungen zu Menschen, die sie gut verstehen und anderen Menschen übersetzen können, was sie wollen. Donaldson und Kymlicka vertreten die These, dass ein auf abhängiger Handlungsfähigkeit basierendes Modell auch für deren politische Vertretung geeignet sei.

Bei allen Vorzügen dieses Modells – es lässt sich gut in die heutige politische Struktur einpassen, wir leben nun mal in einer liberalen Demokratie und haben, was Menschen betrifft, schon viel Erfahrung damit, und Tieren würde dabei nichts abverlangt, was sie nicht leisten können – hat es auch Nachteile, die Interpretation von Tieren den Menschen zu überlassen und ihre Interessen und Wünsche auf ein menschliches System zu übertragen. Menschen (wie Tiere) neigen oft stark dazu, von ihren eigenen Wünschen ausgehend zu denken und ihre Interpretation der Gegebenheiten auf andere zu projizieren. Es gibt Menschen, die glauben, ihre Haustiere seien in einem kleinen Käfig ohne die Gesellschaft von Artgenossen vollkommen glücklich, nur weil sie nicht sichtbar protestieren, oder Menschen, die glauben, ihr Hund gehe nicht gern spazieren, nur weil sie es selbst nicht gern tun. Bei diesem Modell bleiben Tiere außerdem von einem bestimmten Menschen oder einer Familie abhängig und haben von sich aus keine Möglichkeit, das zu ändern. Und was ist mit Tieren, die gar keine engen Beziehungen zu Menschen wollen oder auch so gern gefallen möchten, dass sie sich anders geben, als sie sind? Vernachlässigt wird bei dieser Idee zudem die Tatsache, dass Tiere ja ihre eigenen Sprachen haben und ihre eigenen Weisen, sich (artspezifisch und individuell) zu äußern. Tiere sind keine mangelhaften Menschen, sondern bringen ihre eigene Kultur mit. Statt zu einem solchen Modell der abhängigen Handlungsfähigkeit zu greifen, sollten wir uns lieber Gedanken darüber machen, wie wir ihre Äußerungen und ihr Verhalten sonst noch übersetzen könnten, zum Beispiel, indem wir ihnen im wahrsten Sinne des Wortes mehr Raum geben, ihnen besser zuhören und ihnen Möglichkeiten gewähren, in ihrem eigenen Leben und in dem von uns allen geteilten Lebensraum mehr Einfluss zu haben. Darauf aufbauend, können wir dann nach weiteren Möglichkeiten suchen, wie die Interaktionen zwischen Tieren und Menschen auf die Menschenpolitik zu übertragen wären; ich werde im letzten Kapitel ausführlicher darauf eingehen.[51]

Problematisch ist auch die Unterscheidung zwischen wildlebenden und domestizierten Tieren. Donaldson und Kymlicka schlagen vor, domestizierte Tiere in unsere Beratungen einzubeziehen und auch die Interessen nicht domestizierter Tiere in menschlichen Institutionen zu repräsentieren, dies jedoch, da die Beziehungen weniger eng seien, ohne sich mit ihnen ins Benehmen zu setzen, also ausschließlich darauf gestützt, was Menschen über sie denken. Das wäre schade, denn auch mit solchen Tieren kommunizieren wir – man denke an Konflikte zwischen Menschen und Elefanten oder Tauben oder die Kooperation zwischen Delphinen und Fischern –, und auch mit ihnen teilen wir Lebensräume. Sie haben nicht weniger als andere eine eigene Vorstellung davon, wie ihr Leben aussehen sollte. Es gibt praktisch keine klare Trennlinie zwischen domestizierten und wildlebenden Tieren: Beide Gruppen leben im Umfeld von Menschen, mit beiden Gruppen haben wir Begegnungen, Beziehungen und manchmal auch Konflikte. Alle Tiere haben ein Interesse daran mitzubestimmen, wie Dinge geregelt werden, und alle haben den besten Einblick in ihr eigenes Leben. Menschliche Interpretationen sind oft durch die jahrhundertelange Vormachtstellung verblendet, und wir wissen nicht, wie Tiere sich entwickeln, wenn wir sie anders behandeln. Menschliche politische Strukturen können jedoch zumindest am Anfang oder in der Übergangsphase eines neuen Systems durchaus als Richtschnur dienen. In der Gesetzgebung und in politischen Debatten werden Tiere auch schon auf verschiedenste Weise berücksichtigt, etwa in Gestalt neuer Arbeitsrechte für Tiere und Plädoyers dafür, ihnen Land zu übereignen.

Arbeitsrechte für Tiere

Polizeihunde in Nottinghamshire haben Anspruch auf eine Rente, wenn sie ihr Arbeitsleben beenden.[52] Bei der US Army eingesetzte Hunde gelten als Angestellte und haben damit unter anderem Anspruch auf eine jährliche Zuwendung, wenn sie in den Ruhestand treten.[53] Die schwedische Gewerkschaft Kommunal untersucht, ob Tieren, die als Helfer in der Pflege und im Unterricht eingesetzt werden, Arbeitsrechte gewährt werden sollten, damit gute Arbeitsbedingungen in diesen wachsenden Sektoren garantiert sind.[54]

Schon lange arbeiten nichtmenschliche Lebewesen für und mit Menschen. Namentlich in armen Ländern ist ihre Arbeit für manche Menschen (vor allem Frauen) nach wie vor existenzielle Notwendigkeit. Tiere haben durch ihre Arbeit und ihre Gegenwehr Einfluss auf die verschiedensten menschlichen Verfahrensweisen genommen, ob im Ackerbau oder in der Entwicklung von Arzneimitteln. Dennoch wird ihre Arbeit meist nicht als Werktätigkeit betrachtet und anerkannt. Karl Marx sah zum Beispiel einen grundlegenden Unterschied zwischen der Arbeit von Menschen und der Tätigkeit von Tieren. Auch hier lässt sich aber nicht so leicht eine Grenze ziehen. Es gibt Tiere, die planmäßig und zielgerichtet arbeiten – ein häufig angeführtes Beispiel sind Biber –, und es gibt Menschen, die überhaupt nicht über ihre Arbeit nachdenken, wie etwa Fließbandarbeiter oder gelangweilte Beamte. In verschiedenen Sektoren werden Gruppen (Tiere wie Menschen) von anderen benutzt, und viele Arbeiter in armen Ländern – zum Beispiel diejenigen, die in großen Fabriken Handys oder andere Gadgets für den Westen produzieren – haben genauso wenig wie Tiere die Möglichkeit, ihre Umstände zu verbessern. Menschen und Tiere sind manchmal auch in die gleichen Strukturen eingebunden, und Arbeit ist Arbeit, egal, von wem sie ausgeführt wird.

Obwohl vieles von der Arbeit, die Tiere derzeit für Menschen verrichten, als Ausbeutung oder Sklaverei zu werten ist (man denke zum Beispiel an Versuchstiere oder Tiere in der Viehwirtschaft), die in einer gerechten Gesellschaft gar nichts zu suchen haben, ist es dennoch wichtig, dass man über Arbeitsrechte nachdenkt. Arbeit hat für Menschen einen hohen Stellenwert, weil sie im Idealfall zu einem sinnvollen Leben beiträgt, und das gilt auch für Tiere. Für viele domestizierte Tiere in unserer heutigen Gesellschaft ist Langeweile ein großes Problem.

Die Regulierung der Arbeit, die Tiere heute schon verrichten, kann auch dazu beitragen, dass wir diese Tiere anders sehen. Die oben beschriebenen neuen Arbeitsrechte für Tiere, wie etwa Rentenansprüche für Polizeihunde, zeugen von einer veränderten Sichtweise der Stellung von Tieren in unserer Gemeinschaft. Tierrechtstheoretiker vertreten oft die Meinung, dass Tieren die gleichen Grundrechte zustünden wie Menschen, also etwa das Recht, nicht gefoltert oder getötet zu werden. Das ist natürlich völlig legitim, zurzeit aber leider utopisch, weil das eine komplette Umkrempelung unserer politischen und ökonomischen Systeme erforderlich machen würde und im Westen heutzutage gilt, dass erst die Wirtschaft kommt und dann die Moral.[55] Will Kymlicka[56] weist darauf hin, dass neue Arbeitsrechte nicht das Ende der Fahnenstange seien, aber schon ein Schritt in die richtige Richtung, da sie Ausdruck dafür seien, dass wir manche Tiere als vollwertige Mitglieder unserer Gemeinschaft betrachten wollen. Interessant ist, dass der Anstoß zu solchen Rechten nicht aus der Tierrechtsbewegung kommt, sondern aus den jeweiligen Bereichen heraus, in denen Tiere zur Arbeit eingesetzt werden.

Eigentumsrecht für Tiere

Eines der größten Probleme, mit denen die Wildtiere unserer Zeit zu kämpfen haben, ist der Verlust ihres Lebensraums. Menschen ergreifen Besitz von ihrem Land, verschmutzen es oder machen es sonst wie unbrauchbar für sie. Manche Tiere haben das Glück, dass man sie einfängt und anderswo aussetzt, wo sie allerdings oft mit veränderten Bedingungen konfrontiert sind, die das Überleben schwierig machen können. Wer Pech hat, wird verjagt oder getötet. Der australische Philosoph John Hadley[57] hat eine gute Idee, wie all das zu verhindern wäre: Man gebe den Tieren ihr Habitat als Eigentum und gründe zum Beispiel eine Stiftung, die es verwaltet. Ökologen können genau erforschen, welche Tiere in einem bestimmten Gebiet leben und wie weit sich deren Territorium erstreckt; gehört das Land den Tieren, bleibt es vor Abholzung, Bebauung und anderen Übergriffen bewahrt. Derartige Eigentumsrechte sind ein wirksames Mittel gegen menschliche Vormacht und von praktischer Bedeutung beim Schutz von Naturgebieten und Ökosystemen.

Wir Menschen denken oft, wir hätten mehr Recht auf die Erde als andere Lebewesen, obwohl das jeder Grundlage entbehrt. Wir haben uns dieses Recht selbst angemaßt.

John Locke, ein englischer Philosoph der Aufklärung, vertrat die Auffassung, dass das Land denen gehöre, deren Arbeit damit verknüpft sei; und das gilt für Eichhörnchen natürlich genauso gut wie für Menschen.[58] Der zeitgenössische englische Philosoph Steve Cooke[59] weist darauf hin, dass Tiere Anspruch auf ihr Habitat haben, weil sie das größte Interesse daran haben, dort zu leben – zum Beispiel weil sie anderswo keine Überlebenschancen haben. Cooke meint, genauso wie übrigens auch Hadley, dass wir ihnen deshalb das Land zurückgeben müssen. Belassen wir das Eigentum daran beim Menschen, wie es derzeit zum Beispiel bei Naturschutzgebieten der Fall ist, könnte dieser jederzeit wieder auf eine andere Nutzung verfallen oder beschließen, dass die Tiere aus dem Gebiet entfernt oder getötet werden müssen. Wenn das Land aber den Tieren übereignet wird, ist der Schutzstatus wesentlich größer. Cooke hält die Vereinten Nationen für das geeignete Organ, das zu koordinieren, da Habitate von Tieren oft über Landesgrenzen hinausreichen.

Eigentumsrechte beziehungsweise Habitatrechte sind ebenso wie Arbeitsrechte weniger weitreichend als Personenrechte für Tiere. Überdies könnte man damit schon im kleineren Rahmen experimentieren. Damit wären diese Rechte ein guter erster Schritt hin zu einer neuen Gemeinsamkeit von Mensch und Tier auf unserem Planeten, weil sie uns lehren, alle Tiere anders zu sehen und die Stellung des Menschen zu hinterfragen, und weil sie zu einer anderen Verteilung des Lebensraums führen, wie sie für die verschiedensten Tiere begrüßenswert wäre.

Politische Beziehungen zu Würmern

Bei Arbeitsrechten, Habitatrechten und politischen Rechten im Allgemeinen wird Säugetieren die größte Beachtung geschenkt; auch die Interessen von Vögeln, Fischen und Reptilien werden schon mal in die Überlegungen mit einbezogen. Schnecken, Würmer, Spinnen, Läuse und andere Kleinlebewesen bleiben aber in der Regel unberücksichtigt. Grund dafür ist, dass moralische Erwägungen oft mit der Bedingung verknüpft werden, dass die Fähigkeit zur Empfindung, *sentience*, vorhanden ist, und dieses Vermögen bei solchen Tierchen bezweifelt wird. In der Tierethik versteht man unter Empfindungsvermögen meist die Fähigkeit, Schmerz und Freude zu fühlen, während genereller das Vermögen gemeint ist, als Subjekt die Welt um sich herum wahrzunehmen und zu erfahren, das heißt, ein Leben zu führen, dem man selbst Wert beimisst. Säugetiere, Vögel und Fische sind zweifellos empfindende Wesen und leiden oft sehr unter menschlichem Handeln, weshalb Denker sie gern zum Ausgangspunkt ihrer tierethischen Erörterungen nehmen. Das ist auch in aktivistischer Hinsicht schlau: Die meisten Menschen sind eher bereit, auf ihnen ähnliche Tiere Rücksicht zu nehmen als auf Quallen, Muscheln, Mücken und dergleichen. Es gibt aber gute Gründe, auch an die Kleinlebewesen zu denken, und deshalb möchte ich hier einen Abstecher zur politischen Interaktion mit Würmern machen, bevor ich im nächsten Kapitel auf neue Möglichkeiten des Zusammenlebens mit Tieren eingehe.

Wen wir Menschen als Subjekt betrachten, ist, wie gesagt, nicht naturgegeben, sondern von Machtverhältnissen geprägt. Auch die wissenschaftliche Forschung verhält sich da nicht neutral. Ein gutes Beispiel dafür sind Untersuchungen an Fischen.[60] Man hat lange angenommen, dass Fische kein Schmerzempfinden haben, weshalb es bis 2005 praktisch keine Untersuchungen dazu gab. Mittlerweile ist unumstößlich bewiesen, dass Fische sehr wohl Schmerzen empfinden, wie auch, dass sie Werkzeuge benutzen, Freundschaften schließen, depressiv sein können (Lachse in der Fischindustrie gehen schon mal an Depressionen ein) und auf verschiedenste Weise komplex miteinander und mit Lebewesen anderer Arten kommunizieren.[61] Auch die wissenschaftliche Forschung an Kleinlebewesen steckt noch in den Kinderschuhen; wir wissen inzwischen, dass Käfer eine eigene Persönlichkeit haben und Ameisen sich selbst im Spiegel erkennen,[62] doch welchen Umfang ihr emotionales und kognitives Erleben hat, ist noch weitgehend unbekannt.[63] Egal, über welche Fähigkeiten Tiere verfügen oder nicht, es ist problematisch, moralische Bedenken nur für solche Lebewesen übrig zu haben, die einem ähneln – das hat in der Menschheitsgeschichte schon sehr viel Gewalt nach sich gezogen –, und sich selbst als Standard zu begreifen. Die Art, zu der man gehört, ist zum Teil bestimmend dafür, wer man ist, und das sollte bei der Interaktion mit anderen auch berücksichtigt werden, doch sie ist nie allein entscheidend dafür, wie und wer man ist. Die Zugehörigkeit zu einer bestimmten Art darf nie ein Grund dafür sein, dass man jemanden von vornherein abschreibt. Schließlich ist das Leben des Menschen auch mit dem von Kleinlebewesen verwoben, denn unter anderem teilen wir uns das Land und benutzen sie als Versuchstiere.

Regenwürmer seien die wohl bedeutendsten Tiere in der Geschichte der Erde, schrieb schon Charles Darwin[64], weil sie den Boden für das Wachstum und Gedeihen von Pflanzen aufbereiteten, die das menschliche Leben überhaupt erst ermöglichten.[65] Darwin bezeichnet ihre Wirkungskraft als *»small agencies«* – jeder Einzelne von ihnen übt leisen Einfluss aus, und als Gruppe bewirken sie Großes. Regenwürmer verfügen auch über eine gewisse individuelle Intelligenz. Das fand Darwin heraus, indem er studierte, wie die Würmer Blätter in ihre Röhren zogen. Er schnitt, als rudimentäre Blattform, kleine Papierdreiecke zurecht und überzeugte sich davon, dass man diese am besten durch eine enge Röhre bugsierte, wenn man sie an einer Ecke fasste und zog. Etwa achtzig Prozent der Würmer, die er untersuchte, taten das auch. Hätten sie wahllos agiert, wäre der Prozentsatz wesentlich geringer gewesen. Die Wahrnehmung von Regenwürmern sei anders als die des Menschen, und sie besäßen keinen Gehörsinn – Darwin spielte Klavier und Fagott, um das zu testen –, aber sie seien äußerst empfindlich für Schwingungen: Wenn der Topf mit den Würmern auf dem Klavier stehe, reagierten sie sehr wohl auf die Musik.

Der französische Soziologe Bruno Latour[66] studierte eine Gruppe von Forschern, die darüber rätselten, wieso bestimmte, sonst eigentlich nur in der Savanne vorkommende Bäume auf einmal auch im Regenwald wuchsen. Man fand heraus, dass Würmer dafür verantwortlich waren, die auf der Grenze zwischen Savanne und Regenwald den Aluminiumgehalt des Bodens veränderten – nicht gezielt, aber ihre Aktivität hatte große Auswirkungen. Forscher, Würmer, Regenwald und Bäume gehen in diesem Beispiel eine Verbindung ein und beeinflussen im Zusammenspiel das Aussehen der Welt. Die Würmer bewirken, dass die Bäume an einen anderen Ort wandern, die Forscher interpretieren das und beschreiben damit nicht nur die Welt, sondern prägen auch das Bild, das Menschen von ihr haben. Latour weist darauf hin, dass Menschen, Tiere und Objekte eine Wirkung ausüben und andere beeinflussen können. Er nennt diese handelnden Wesen *actants*. Seiner Meinung nach handeln wir alle eigentlich immer in einem Geflecht von Beziehungen, in dem wir nicht so autonom sind, wie wir glauben. Überlegen Sie mal: Jeder von uns wird von allem Möglichen beeinflusst, was in ihm und um ihn herum vorgeht, von körperlichen Umständen (man geht weniger schnell, wenn man Schmerzen im Fuß hat, man isst, wenn man Hunger hat) bis hin zu äußeren Faktoren – je nach Wetter zieht man dies oder jenes an, ein Stein auf dem Weg sorgt dafür, dass man mit dem Fahrrad ausweicht, der Hund bestimmt mit, wo man spazieren geht. Man kann auch seinerseits Einfluss auf andere ausüben (man kann den Stein wegschieben, einen Apfel essen, dem Nachbarn einen Schirm anbieten), und so stehen wir immer alle in Verbindung miteinander, in einem Netzwerk von Prozessen, deren Ergebnis keiner allein bestimmen kann. Vielleicht sind manche Akteure mächtiger als andere, doch selbst Materie, die wir für unbedeutend oder unbelebt halten, kann großen Einfluss haben, man denke zum Beispiel an einen Ziegelstein, der einem auf den Kopf fällt, oder den Klimawandel.

Die amerikanische Philosophin Jane Bennett[67] greift Latours Beispiel mit den Würmern auf, um sich Gedanken über das politische Handeln von und mit nichtmenschlichen Wesen zu machen. Bennett zufolge können die Tätigkeiten von Würmern, Bäumen und anderen nichtmenschlichen Wesen auch politische Auswirkungen haben. Darüber hinaus können Würmer und Menschen von politischen Ereignissen betroffen sein, die sie einen. Bennett betrachtet alles auf unserer Erde als lebendige Materie, die Einfluss auf andere Materie ausübt, unter Umständen, die manchmal politisch sind und manchmal nicht. Obwohl sie wie Latour zu Recht auf den Einfluss hinweist, den Dinge auf unser tägliches Leben haben, und ihre Überlegungen, wie wir alle als Materie miteinander verbunden sind, für das Denken über Beziehungen zur nichtmenschlichen Welt einen wichtigen Beitrag liefern, ist ihr Ansatz auch problematisch. Wie am Anfang dieses Kapitels erörtert, besteht ein Unterschied zwischen Orang-Utans, die aus einem Zoo auszubrechen versuchen, dabei zusammenarbeiten und ihre Taten planen, und Regenwürmern, die Blätter fressen und mittels ihrer Ausscheidungen den Boden so verändern, dass dort andere Bäume wachsen, wodurch sie eventuell politische Veränderungen bewirken. Zu Orang-Utans können wir ganz andere Beziehungen aufbauen, es sind andere Formen der Kommunikation möglich, und wir haben denen gegenüber, die wir in Gefangenschaft halten und die von ihren Eltern getrennt haben, andere Pflichten.

Was nicht heißen soll, dass wir über den Umgang mit Würmern nicht nachzudenken brauchen. Würmer werden als Versuchstiere gehalten und von Fischern als lebende Köder benutzt. Sie leben um uns herum in der Erde, die sie für uns bearbeiten, und sind von menschlichem Handeln betroffen, das zum Beispiel die Verschmutzung dieser Erde zur Folge hat. Zu begreifen, dass wir miteinander verbunden sind, ist da wichtig, aber praktische Richtlinien ergeben sich daraus kaum.

Andere Auslegungsmöglichkeiten der Mensch-Wurm-Beziehungen liefert die Staatsbürgerschaftstheorie von Donaldson und Kymlicka. Nach ihrem Modell sollten wir Würmer als souveräne Gemeinschaften sehen: Sie brauchen den Menschen nicht, um gedeihen zu können, und obwohl sie oft in unmittelbarer Nähe des Menschen leben, gibt es kaum Abläufe, an denen Würmer und Menschen gemeinschaftlich beteiligt sind. Menschen benutzen Würmer gelegentlich, leben aber nicht mit ihnen zusammen, wie sie es zum Beispiel mit Hunden tun. Neuere Untersuchungen zeigen, dass Regenwürmer gern in Gruppen leben und bei den Entscheidungen, die sie treffen, Rücksicht auf andere nehmen.[68] Die Souveränität für Würmer würde beinhalten, dass ihnen ihr eigenes Territorium zusteht und Menschen kein Recht haben, dieses zu verschmutzen. Menschen haben auch kein Recht, Würmer zum eigenen Nutzen zu gebrauchen, zum Beispiel bei der Erforschung von Ökosystemen, wo Würmer häufig zum Einsatz kommen. Mehr Verständnis für Würmer darf sich aber nicht darin erschöpfen, sie einfach in Ruhe zu lassen. Da unsere Leben miteinander verwoben sind, sollten wir sie besser kennenlernen, und dazu müssen wir auch das Umfeld erkunden.

Der amerikanische Philosoph Ralph Acampora[69] befasst sich mit dieser Kohabitation. Er schlägt vor, Tiere als

Nachbarn zu betrachten, mit denen wir die Welt teilen. Diesen Nachbarn sollten wir mit Respekt begegnen. Das schließt an Donna Haraways Aufruf zu einer Haltung von Achtung und Respekt gegenüber Tieren an.[70] Neugierde gehört in der Begegnung mit Wesen unserer eigenen und anderer Arten ihrer Meinung nach zu unseren ersten Pflichten. Sie sei Voraussetzung für Aufmerksamkeit und Kontaktnahme sowie für die Gestaltung einer neuen politischen Gemeinschaft. Wie eine solche zwischen Würmern und Menschen aussehen könnte, ist noch völlig offen. Darwin meinte, dass die Nahrung ein guter Ansatz sei, und heutige Wurmforscher schließen sich dem an.[71] Regenwürmer scheinen vor allem Kirschen und Wurzeln zu mögen – das sollte man sich vielleicht schon mal für sein nächstes Picknick merken.

3. Wir sind alle nichts anderes als Tiere: mehrartige Gemeinschaften und neue Richtungen

Wenn bei Honigbienen eine neue Königin schlüpft, verlässt die Hälfte des Volkes den Stock, um sich eine neue Unterkunft zu suchen. Der Ort dafür wird gemeinsam bestimmt. Das funktioniert folgendermaßen: Kundschafterbienen werden vorausgeschickt, um geeignete Orte zu suchen, wonach sie vor dem ganzen Schwarm ein Tänzchen aufführen, aus dessen Form, Geschwindigkeit und Intensität, gepaart mit der Absonderung von Duftstoffen und Lauten, deren Eignung hervorgeht. Wenn eine Wahl getroffen wurde, wird diese durch andere Bienen verifiziert. Wissenschaftler betrachten das als eine Art der demokratischen Entscheidungsfindung, und der Biologe Thomas Seeley ist sogar der Meinung, dass der Mensch noch etwas daraus lernen könne.[72] Bienen sind nicht die einzigen Lebewesen, die Entscheidungen in der Gruppe treffen; auch Hirsche, Büffel, Tauben, Kakerlaken und diverse andere – darunter der Mensch – tun es.[73] Menschen wie Tiere bilden zudem Gemeinschaften, in denen gemeinschaftliche Entscheidungen getroffen werden.[74] Geht es um politische Partizipation und demokratische Kapazitäten, macht der Mensch jedoch in der Regel sofort einen Unterschied zwischen Menschen und Tieren.

Tierdemokratie

Die meisten Denker in Sachen Tierrechte sind der Auffassung, dass wir in unseren politischen Systemen die Interessen von Tieren berücksichtigen sollten, weil unsere Entscheidungen weitreichenden Einfluss auf ihr Leben haben. Machbar wäre das zum Beispiel über die Zuteilung von Sitzen im Parlament, über die Bestellung eines Ombudsmanns oder über die Einbindung von Fürsprechern der Tiere auf verschiedenen Ebenen der demokratischen Entscheidungsfindung, von lokal bis global. Bei einem solchen Modell würden Menschen überlegen, welche Tiere wie repräsentiert werden können, würden interpretieren, worin deren Interessen bestehen, und diese gegen andere Interessen abwägen. Die Tiere selbst mitreden zu lassen, wird, wie Sue Donaldson[75] zu Recht moniert, für unnötig, unmöglich oder unangebracht gehalten. Unnötig, weil Menschen Tiere vertreten könnten und das am einfachsten sei, unmöglich, weil Tiere nicht mitreden könnten, und unangebracht, weil nichtmenschliche Lebewesen nicht als Mitglieder geteilter Gemeinschaften betrachtet werden, sondern als eine Art Subkategorie.

Wie im vorigen Kapitel illustriert, sind nichtmenschliche Lebewesen zu mehr imstande, als wir dachten, und haben ihre eigenen Gepflogenheiten, mit Menschen umzugehen. Hühner zum Beispiel geben den Menschen, mit denen sie zusammenleben, Namen[76], Kraken entziehen sich menschlicher Gefangenschaft in Aquarien, indem sie durch Abflussrohre ins Meer zurückschwimmen[77], und Raben durchkreuzen Experimente, weil sie Artgenossen darüber aufklären, was damit bezweckt wird, und eigene Lösungswege ersinnen.[78] Tiere sind in der Lage, ihr Leben in verschiedenster Weise zu gestalten, und ihre individuellen Vorlieben können sich dabei erheblich voneinander unterscheiden. Sie sind keine austauschbaren Abziehbilder ihrer Art, sondern nicht anders als Menschen einzigartige Individuen mit einer eigenen Lebensanschauung. Deshalb ist jedes für sich bestens dafür ausgerüstet zu wissen, was gut für es ist, je nach den individuellen Fähigkeiten, der Persönlichkeit und sonstigem, was seine Identität ausmacht. Das wird sich uns Menschen nicht erschließen, wenn wir lediglich für sie bestimmen, welche Rechte ihnen zustehen, und es dabei belassen. Wir müssen vielmehr die Voraussetzungen dafür schaffen, dass sie selbst Entscheidungen treffen können, damit sie größere Möglichkeiten haben, sich zu äußern, und sich besser entwickeln können. Auf dieser Grundlage könnten wir dann auch die gemeinsame Zukunft weiter gestalten. Individuelle Entscheidungen stoßen dabei natürlich an gesellschaftliche Grenzen, das gilt auch für Menschen, die etwas anders machen möchten. Wer seinem Hund alle Freiheit lassen will, muss in unserer Gesellschaft doch bestimmte Regeln und Gegebenheiten berücksichtigen, wie etwa, dass der Hund angeleint zu werden hat und dass Autos herumfahren. Unsere Gemeinschaften sind auf die Annehmlichkeit für den Menschen ausgerichtet, und sie unter Einbeziehung anderer Lebewesen umzubilden würde verlangen, dass wir kollektiv ein paar Schritte zurücktreten, um ihnen mehr Raum zu geben.

Das Recht auf politische Partizipation, unter anderem auf demokratische Mitbestimmung, ist nicht irgendein Recht. Es geht dabei schließlich um die Gestaltung der Rahmenbedingungen, unter denen man lebt. Die sind für nichtmenschliche Lebewesen genauso bedeutsam wie für uns Menschen. Menschen sind wegen der Machtverhältnisse gegenüber anderen Lebewesen nicht unbedingt geeignet, über deren Rechte zu entscheiden. Die gängigen Vorstellungen davon, welche Interessen Tiere haben und welche Möglichkeiten, ihnen Ausdruck zu verleihen, haben sich in Jahrhunderten menschlicher Vormachtstellung, einhergehend mit der Unterdrückung von deren Handeln und Stimme, herausgebildet. Wenn Menschen die Interessen von Tieren vertreten, ist das Bild, das sie von ihnen haben, häufig von Stereotypien geprägt (ein gutes Beispiel dafür ist die Sprache: Sogar viele Aktivisten denken, dass Tiere nicht für sich selbst sprechen können).

Wir wissen von vielen anderen Lebewesen schlichtweg nicht, wozu sie fähig sind, weil sie durch die Strukturen, in denen sie leben, so stark unterdrückt werden. Ein Beispiel dafür ist die Jagd: Viele Arten verlieren die Angst vor ihren einstigen Peinigern, wenn sie über mehrere Generationen hinweg nicht mehr bejagt werden. Es ist also gut denkbar, dass Wildtiere wesentlich freier agieren könnten, wenn wir sie in Ruhe lassen würden, und dass wir Lebensräume dann anders miteinander teilen könnten. Bei domestizierten Tieren sieht es genau umgekehrt aus: Sie stehen stark unter unserer Knute, und wir haben keine Ahnung, wie unsere Beziehungen aussähen, wenn wir ihnen Schritt für Schritt größere Entscheidungsfreiheit ließen. Das »gute Leben« ist bei alledem nichts Festgeschriebenes: Wir machen uns in Beziehungen zu anderen ein Bild davon, und das gilt für die nichtmenschlichen Wesen, mit denen unser Leben verwoben ist, genauso wie für die menschlichen.

Deliberation mit Tieren

Im vorigen Kapitel habe ich beispielhaft Situationen erörtert, in denen Tiere und Menschen ihre Interessen untereinander austarieren, einander bekämpfen, zusammenarbeiten oder sonst wie miteinander umgehen. Manches davon kann man als mehrartige demokratische Interaktion betrachten, das heißt, Lebewesen verschiedener Arten bestimmen in Relation zueinander, wie ihr gemeinschaftliches Zusammenleben aussieht und wo die Grenzen ihrer Freiheit liegen. Das ist natürlich eine Kommunikation im kleinen Rahmen, zum Beispiel in Haushalten, Dörfern oder Wäldern, die sich nicht mit bestehenden menschenpolitischen Institutionen wie Stadtrat oder Parlament vergleichen lässt. Wir müssen also die Kluft zwischen solchen kleinen Interaktionen und den formellen politischen Institutionen überbrücken, um die Mitbestimmung von Tieren im heutigen System auszuweiten und neue Formen der Politik mit Tieren zu entwickeln.

Bei der Erwägung, wie das umzusetzen wäre, empfiehlt es sich, Demokratie als etwas Deliberatives aufzufassen. Das klingt komplizierter, als es ist. »Deliberation« bedeutet Beratschlagung, Überlegung, Diskussion. In einer deliberativen Demokratie kommt Diskussionen eine zentrale Rolle bei der Entscheidungsfindung zu. Nach Meinung deliberativ-demokratischer Denker ließen sich diese Diskussionen zwar noch verbessern, hätten aber durchaus wieder Eingang in die bestehenden demokratischen Prozesse gefunden. Politische Entscheidungen kommen auf verschiedenerlei Wegen zustande, und wir haben mehr Möglichkeiten, Einfluss darauf auszuüben, als nur über die Abgabe unserer Stimme bei Wahlen. Politiker deliberieren miteinander, um zu einem gemeinsamen Beschluss zu gelangen, im Stadtrat, im Parlament. Die Medien berichten über diese Deliberationen, Journalisten und Autoren stellen kritische Fragen, und so werden Wähler und Politiker beeinflusst. Demonstrationen machen Eindruck auf Politiker und Bürger, Kunst kann bewirken, dass Menschen Dinge anders sehen, Geschichten, die Menschen sich erzählen, können ihr Denken verändern. Mitglieder einer politischen Partei verteilen im Vorfeld von Wahlen Flyer an Bahnhöfen und auf der Straße, um Menschen zu überzeugen und zu informieren, im Rathaus werden Bürgerversammlungen zur Mitsprache über den Bau einer neuen Straße abgehalten. Menschen sind auf den verschiedensten Ebenen miteinander im Gespräch, und diese Gespräche wirken sich letztlich darauf aus, wie unsere Demokratie und die politischen Entscheidungen, die darin getroffen werden, aussehen.

Der deutsche Philosoph Jürgen Habermas[79] entwickelte eine umfängliche und einflussreiche Diskurstheorie. Er betrachtet Deliberation als kollektiven Prozess, bei dem das bessere Argument im Mittelpunkt steht und Menschen unterschiedlichen Hintergrunds, die in der Diskussion alle eine gleichwertige Stimme haben, zu immer besseren Entscheidungen kommen. Das gelingt, weil sie frei von Zwängen miteinander beratschlagen und ihre Positionen dabei stets verdeutlichen und unter dem Einfluss besserer Argumente anderer korrigieren. Nicht nur Diskussionen zwischen Politikern sind von Belang, auch im öffentlichen Raum sollten Bürger das Gespräch miteinander suchen, und es sollte ein Informationsaustausch zwischen beiden Ebenen stattfinden. Für Habermas ist Deliberation an verschiedene Voraussetzungen geknüpft, zum Beispiel dass sie rational und frei von Zwängen sein müsse.

Von feministischer und dekolonialer Seite wird das Bild von Menschen, die als rein rationale Wesen alle im selben Diskurs auf eine universelle Wahrheit hinarbeiten, kritisiert, weil es auf einer spezifischen Interpretation »des Menschen« und einem als universell dargestellten Diskurs beruhe. Darüber hinaus gibt es Philosophen, die darauf hinweisen, dass wir nicht nur die argumentative und rationale Qualität verschiedener Prozesse der Entscheidungsfindung im Blick haben sollten, sondern auch wie diese miteinander und mit anderen politischen Praktiken verbunden sind. Beide Einwände, also die Kritik an Habermas' Subjekt und die an der Bevorzugung voneinander getrennter Deliberationen, können einen wichtigen Beitrag zum Denken über die politische Interaktion mit nichtmenschlichen Lebewesen liefern.

Politische Kommunikation über den Menschen hinaus

Deliberation scheint, was Menschen betrifft, vor allem auf Worten zu beruhen. Nichtmenschliche Lebewesen sprechen nicht in Menschensprache und können nach Habermas daher nicht in der rationalen Weise mitwirken, die notwendig ist, um zu legitimierten Entscheidungen zu gelangen. Das Problem bei diesem Gedankengang ist freilich, dass unser Bild von politischer Sprache von ungleichen Machtverhältnissen geprägt ist, denen zufolge Tiere und deren Sprachen als minderwertig gelten.

Wie schon weiter oben erörtert, ist eine scharfe Unterscheidung zwischen Menschen auf der einen und sonstigen Lebewesen auf der anderen Seite in verschiedenster Hinsicht nicht haltbar, und das gilt auch für die Sprache.[80] Nichtmenschliche Lebewesen verfügen über nuancierte und komplexe Formen des Ausdrucks gegenüber Angehörigen ihrer eigenen Art und solchen anderer Arten. Der Graupapagei Alex kannte zum Beispiel mehr als hundert Menschenwörter. Damit gab er unter anderem zu verstehen, dass er Objekte zählen und bestimmten Kategorien zuordnen konnte. Er machte auch Scherze und benutzte Wörter, um das Verhalten der Menschen um ihn herum zu beeinflussen.[81] Bordercollie Chaser lernte die Namen von 1022 Spielzeugen und verstand grammatische Strukturen.[82] Pferde fordern Menschen durch ihre Körpersprache dazu auf, etwas für sie zu tun.[83] Wildlebende Delphine können sich mit Namen ansprechen.[84] Präriehunde verfügen über eine reichhaltige Sprache für die Beschreibung von Eindringlingen und machen damit genaue Angaben zur Größe eines Menschen, seiner Haarfarbe und Kleidung sowie etwaigen Gegenständen, die er bei sich hat.[85] Elefanten haben unter anderem eine Benennung für »Mensch«, die Gefahr signalisiert.[86] Die Sprachen von Walen, Tintenfischen, Bienen und zahllosen Vogelarten haben eine Grammatik.[87] Fledermäuse lieben Klatsch.[88] Es gibt Tintenfische, die mittels Farbmustern auf ihrer Haut alles Mögliche mit anderen besprechen können. Forscher glauben, dass diese Farbmuster eine Sprache mitsamt Grammatik darstellen.[89] Es gibt noch viele weitere Beispiele, und von vielen Tiersprachen wissen wir noch sehr wenig. Diese Beispiele zeigen nicht nur, dass die Sprachen anderer Lebewesen der menschlichen Sprache vergleichbar sind, sondern sie lassen die Abgrenzung, dass nur die menschliche Sprache »Sprache« sei, zweifelhaft erscheinen.

Die Abgehobenheit der politischen Sprache ist nicht

nur für nichtmenschliche Lebewesen ein Problem, sondern auch für verschiedene Gruppen von Menschen, denn es sind die Ausdrucksformen der dominanten (oft weißen, männlichen, westlichen, besser ausgebildeten) Gruppe, die vorgeben, was im heutigen Diskurs als rationale Argumentation gilt. Die amerikanische Philosophin Iris Marion Young[90] hat sich mit diversen Formen der Ausschließung und deren Bezug zur politischen Kommunikation befasst. Sie kommt zu dem Ergebnis, dass es an den deliberativen Prozessen innerhalb unserer Gesellschaft noch viel zu verbessern gebe. Sie unterscheidet dabei zwischen interner und externer Ausschließung. Die externe Ausschließung gilt Gruppen, die in der Demokratie offiziell keine Stimme haben, bei uns zum Beispiel Tiere oder Flüchtlinge ohne Bleiberecht. Eine interne Ausschließung findet statt, wenn eine Gruppe zwar offiziell Teil der demokratischen Gemeinschaft ist, aber nicht gehört wird, weil sich die Angehörigen dieser Gruppe nicht in der Sprache der Macht ausdrücken. Das geschieht zum Beispiel, wenn eine Frau nicht ernst genommen wird, weil sie emotional reagiert, denn Emotion wird als typisch weiblich und Zeichen der Schwäche gewertet, während man bei der emotionalen Reaktion eines Mannes von einem Ausdruck der Leidenschaftlichkeit sprechen würde. Ähnlich ist es, wenn jemand für dumm gehalten wird, nur weil er der Sprache nicht ganz mächtig ist, oder wenn jemand nur deshalb weniger ernst genommen wird, weil er wegen seines anderen kulturellen Hintergrunds anders argumentiert.

Nichtmenschliche Lebewesen leiden derzeit unter externer Ausschließung: Sie haben keinen Zugang zu politischen Institutionen, und ihre Interessen werden bei politischen Entscheidungen nicht berücksichtigt. Das ist eine ganz grundsätzliche Ausschließung: Wenn sie etwas sagen, wird es nicht als »etwas« wahrgenommen, weil ihre Äußerungen nicht als Sprache gewertet werden. Der französische Poststrukturalist Jean-François Lyotard[91] nennt dieses Problem *le différend*. Tiere können die sie betreffenden Probleme im heutigen Diskurs nicht thematisieren, da sie und ihre Sprachen prinzipiell von diesem ausgeschlossen sind. Sie können sich zwar sehr wohl ausdrücken, doch diese Ausdrucksformen zählen nicht. Ein vergleichbarer Mechanismus in der Menschenwelt findet sich in der Kolonisierung: Die indigenen Völker konnten keine Rechtsansprüche auf ihr Land geltend machen, weil sie keine geschriebenen Gesetze hatten, in denen dieses Recht festgehalten war. Das Unrecht, das ihnen mit der Einnahme ihres Landes zugefügt wurde, betrachtete man nicht einmal als Unrecht, da man das Land nicht als ihr Land ansah; sie konnten es nicht als Unrecht benennen, weil der Diskurs der Eroberer so gestaltet war, dass ihre Ausdrucksweise nicht zählte.

Daraus ergibt sich auch, dass Tieren nicht schon allein dadurch mehr Anerkennung zukäme, wenn man sie zu

Mitgliedern der Menschengemeinschaft erklärte. Es genügt nicht, einer bestimmten Gruppe Zugang zur Demokratie zu gewähren, wenn man sich nicht auch Gedanken darüber macht, wie die bestehende politische Interaktion aussieht, denn sie ist normalerweise auf die dominante Gruppe zugeschnitten. Anders gesagt: Man kann den Angehörigen einer Minderheit Zugang zum Diskurs gewähren, doch wenn ihre Äußerungen nicht ernst genommen werden, haben sie bei der Entscheidungsfindung nach wie vor keine Stimme. Bei nichtmenschlichen Lebewesen ist das umso wichtiger, als sie sich oft ganz anders ausdrücken als Menschen. Sie können mittels Bewegungen, Duftstoffen, Körperhaltungen, Lauten, Blicken, sich verändernden Farbmustern auf ihrer Haut und auf viele andere Weisen miteinander und mit uns kommunizieren. Sie haben ihre eigenen Sprachen, denen wir Beachtung schenken und die wir ernst nehmen müssen. Dass sie andere Sprachen sprechen, ist ein weniger unüberwindliches Hindernis, als es scheint, denn wir können einander, wie schon Montaigne schrieb, bereits ganz gut verstehen, und die menschliche Interaktion besteht schließlich auch aus weit mehr als nur Worten. Deliberative Philosophen weisen zum Beispiel auf die wichtige Funktion von Pheromonen und chemischen Körperprozessen bei unserer Interaktion hin[92], auf die Rolle von Emotionen[93], Rhetorik, Körpersprache, Ritualen und Erzählungen.[94] Wenn diese Ausdrucksformen ernst genommen werden, ist auch schon ein Schritt in Richtung der Hinterfragung externer Ausschlusskriterien für nichtmenschliche Lebewesen getan, denn damit würde offenbar, dass sie sehr wohl sprechen können.

Zeit, Raum, Materie, Beziehungen

Damit wir besser mit Tieren deliberieren können, bedarf es eines erweiterten Verständnisses von politischer Kommunikation. Das möchte ich im Folgenden anhand von vier Aspekten erörtern: Zeit, Raum, Körperhaftigkeit und Beziehungen. Ohne den Anspruch auf Vollständigkeit zu erheben, könnten sie Ansatzpunkte für ein anderes Denken und Handeln liefern.

Ein erster Punkt ist der zeitliche Rahmen politischer Entscheidungsfindungen. Menschenpolitik wird oft als eine Reihe von Entscheidungen dargestellt, die in einem formellen Rahmen gefasst werden. Da wir mit Tieren noch nicht entsprechend kommunizieren können – wir verstehen noch längst nicht immer, was sie sagen – und noch keine gemeinsamen Gepflogenheiten und Rituale entwickelt haben, die das politische Prozedere zügig gestalten, sollte die politische Kommunikation besser als laufender Prozess begriffen werden. Darin können sich verschiedene Parteien (immer wieder) äußern, ihre Standpunkte im Licht neuer Informationen revidieren und in einem fortgesetzten Dialog Überzeugungs- oder zumindest Erklärungsarbeit leisten. Verständnis ist nicht gleichbedeutend mit Harmonie, sondern kann auch heißen, dass die Parteien ihre Grenzen dahingehend abstecken, was sie nicht wollen. Mehr Diskussion bedeutet auch nicht automatisch mehr Verständnis; in der Kommunikation zwischen Menschen spielen Missverständnisse gleichfalls eine wichtige Rolle. Die gibt es selbst in Beziehungen, in denen man sich normalerweise sehr gut versteht.

Zweitens müssen wir über die Rolle der Orte nachdenken, in denen sich unsere politische Entscheidungsfindung abspielt. Menschenpolitik wird meist in Menschenräumen, etwa Gebäuden aus Stein, gemacht. Hunde oder Hasen oder Hamster kann man durchaus dorthin mitnehmen, doch viele Tiere dürften sich dort nicht wohlfühlen, und außerdem laufen politische Prozesse zwischen Menschen und Tieren im Allgemeinen gar nicht dort ab. Wir sollten nichtmenschliche Lebewesen also nicht irgendwohin mitnehmen, sondern Örtlichkeiten ausmachen, wo bereits politische Interaktionen stattfinden, und diese Interaktionen dort verbessern. Über die bloße Bestimmung der Örtlichkeit hinaus setzt das auch die Erfassung des breiteren Kontexts und der kulturellen, ökonomischen und sonstigen Umstände voraus, welche sich dort auf die Beziehungen auswirken. Ein Beispiel ist der Konflikt zwischen Gänsen und Menschen im Umfeld des Flughafens Schiphol, auf den ich weiter unten näher eingehen werde.

Ein dritter Aspekt ist die Materie beziehungsweise die Körperhaftigkeit. Menschen neigen dazu, das Wort in den Vordergrund zu stellen, wenn sie an politische Interaktion denken. Doch wie gerade erörtert, drücken Tiere sich in anderer Weise aus, und die Betonung des Wortes verstellt den Blick dafür, welche Möglichkeiten wir sonst noch haben, um miteinander zu sprechen. Neben artspezifischen Äußerungen können bei der artübergreifenden Interaktion zum Beispiel Objekte eine Rolle spielen. Es gibt Pferde, die mittels Symbolen zum Ausdruck bringen können, ob sie eine Decke wollen oder nicht[95], und wir könnten neue Symbole entwickeln, um auch noch anderes mit ihnen zu besprechen. Eingriffe in die Landschaft können zum Beispiel eine Einladung für eine Tiergruppe sein oder auch eine Warnung, wie ich weiter unten am Beispiel des Verhältnisses Gans-Mensch erörtern werde. Der Tiergeograph Clemens Driessen[96] weist auf die Bedeutung von Dingen hin und die Rolle, die Technik bei der Deliberation mit Tieren auf dem Bauernhof spielen kann. Er illustriert unter anderem, dass Bauern und Kühe lang und breit über eine Melkmaschine kommunizieren können. Der Bauer stellt die Maschine in einer bestimmten Weise ein, die Kühe reagieren darauf, und darauf reagiert wiederum der Bauer. So entsteht mittels der Maschine ein Dialog, durch den Bauer und Kühe immer mehr übereinander lernen.

Der vierte Aspekt tritt eigentlich in allem zuvor Genannten zutage: Politische Kommunikation findet in Beziehungen statt. Menschen in westlichen Gemeinschaften denken gern, sie seien ganz individuell und einzigartig; überhaupt sehen sich Menschen als Einzelpersönlichkeiten und als eine Art, die nichts mit anderen Arten gemein hat. Wir sind jedoch auf verschiedenen Ebenen mit etlichen anderen Arten verbunden: politisch, sozial, kulturell, ökonomisch, emotional. Diese Beziehungen können sehr intim sein, etwa wenn wir mit Tieren zusammenleben oder ihr Fleisch essen. Sie spielen aber auch auf der Ebene von Politik und sozialem Leben eine bestimmende Rolle dabei, wie wir handeln und handeln können. Um die politische Kommunikation mit Tieren zu verbessern, müssen wir zuallererst begreifen, dass auch wir Menschen nichts anderes sind als Tiere, eingebunden in Beziehungen zu anderen, aus denen wir uns nicht einfach verabschieden können. Unsere Perspektive ist nicht die einer Gottheit, die alles erfasst und alles am besten weiß, sondern eine von vielen anderen Perspektiven. Wenn wir bessere Beziehungen zu anderen Lebewesen anstreben, schließt das auch ein, dass wir Schritt für Schritt unsere Macht über sie aufgeben und uns für das öffnen müssen, was sie in uns sehen. Vielleicht stiftet das Chaos, doch im Neuen liegt auch Hoffnung – die Hoffnung auf ein größeres Wohl für alle.

Mehrartige Deliberation: Blick auf das System

Politische Interaktionen mit Tieren lassen sich verbessern, wenn Zeit, Raum, Körperhaftigkeit und Beziehungen in unserem Denken mit berücksichtigt werden. Parallel dazu müssen wir untersuchen, wie diese Interaktionen in bestehende politische Systeme zu integrieren wären und Grundlage für neue politische Gemeinschaften sein könnten. Als Erstes muss man sich dabei anschauen, wie verschiedene Formen der Deliberation miteinander verknüpft sind. Demokratien sind komplexe Strukturen, in denen politische Entscheidungen durch die verschiedensten Praktiken und Institutionen – von informellen Netzwerken über Schulen bis hin zu Gerichtssälen – angestoßen und beeinflusst werden.

Bei einem sogenannten systemischen Ansatz werden die Beziehungen zwischen verschiedenen politischen Praktiken hervorgehoben.[97] Die Demokratie wird als ein Netzwerk aus diversen Einzelteilen betrachtet, die jedes für sich funktionieren und unterscheidbare Einheiten darstellen, aber miteinander im Zusammenhang stehen. Überträgt man das auf das deliberative Demokratieverständnis, bei dem, wie gezeigt, die unterschiedlichen Dialoge herausgestellt werden, die unserer Demokratie Gestalt verleihen, ergibt sich ein Ansatz, der die Beziehungen zwischen deliberativen Praktiken im Blick hat, bei denen verschiedenartige Dialoge eine Rolle zu spielen haben. Bei manchen Dialogen liegt der Nachdruck auf der rationalen Argumentation, aber es gibt auch Formen des politischen Handelns, bei denen andere Aspekte ins Gewicht fallen – man denke zum Beispiel an Protestsongs, an Hausbesetzungen oder an die Erzählung einer persönlichen Geschichte innerhalb einer Diskussion über die Verschmutzung eines Flusses. Da bei solchen Praktiken nicht die rationale Argumentation im Vordergrund steht, gelten sie nach traditionellem Verständnis nicht als Deliberation. Betrachtet man jedoch das größere Ganze, zeigt sich, dass solche Aktivitäten sehr wohl von demokratischer Bedeutung sein können, weil sie zum Beispiel zu wenig beachtete Probleme auf die Tagesordnung bringen oder Erfahrungen offenbar machen, die im Diskurs normalerweise keinen Platz haben, und damit ein anderes Bild von einer bestimmten Gruppe entstehen lassen. Sie können die Demokratie auf diese Weise inklusiver machen.

Ein systemischer deliberativer Ansatz eignet sich hervorragend für Überlegungen zur mehrartigen Demokratie. Erstens verdeutlicht er, wie die verschiedensten Ebenen der Entscheidungsfindung miteinander verwoben sind, wodurch offensichtlich wird, dass Gespräche mit Tieren auch heute schon Teil der Entscheidungsfindung sind. Die Verbesserung und der Ausbau der Beziehungen zwischen den unterschiedlichen Formen von Diskussion und Beschlussfassung können die politische Partizipation von Tieren fördern. Zweitens verdeutlicht dieser Ansatz, dass bestimmte Praktiken, die nicht oder noch nicht unseren Deliberationsstandards genügen, sehr wohl dazu beitragen können, die Gesellschaft inklusiver zu machen und die Stimmen marginalisierter Gruppen – unter anderem von Tieren – zu berücksichtigen. Fachleute wie Tierforscher, Tiergeographen oder politische Philosophen können eine wichtige Funktion bei der Übersetzung oder Darlegung von Tierperspektiven übernehmen.

Zu untersuchen, wie bestehende Dialoge mit Tieren politische Praktiken beeinflussen, und die Beziehungen zwischen mehrartigen Interaktionen und Menschenpolitik auszubauen ist ein guter erster Schritt in Richtung Veränderung. Durch einen anderen Umgang mit nichtmenschlichen Lebewesen kann man Dialoge im kleinen Maßstab verbessern und erweitern. Diese können Grundlage für politische Entscheidungen sein. Wir mögen vielleicht noch sehr weit von einer mehrartigen Demokratie entfernt sein, doch ein systemischer Ansatz weist uns den Weg hin zu einem neuen Modell.

Die Deliberation Gans-Mensch

1979 gab es in den Niederlanden etwa sieben Brutpaare von Graugänsen.[98] Die Gans galt als ein besonderer Vogel, und Gänse wurden regelrecht dazu eingeladen, sich bei uns anzusiedeln. So wurden die Wiesen gedüngt, um die Grasqualität zu verbessern, und Gänse wurden unter Schutz gestellt, während ihr natürlicher Feind, der Fuchs, stärker bejagt wurde. Die Einrichtung des geschützten Feuchtgebiets Oostvaardersplassen trug zu einem rapiden Anwachsen der Gänsepopulation bei, und die Zahl der Brutpaare erhöhte sich bis zum Jahr 2013 auf mehr als 25 000. Wie es häufiger der Fall ist, wenn eine Tierart besonders erfolgreich ist, begannen die Menschen, die Gänse als Plage zu empfinden, und in den vergangenen Jahren eskalierten die Konflikte. Daraufhin wurde eine ganze Palette von Maßnahmen zur Begrenzung der Gänsepopulation ergriffen, von der Vertreibung mittels Robotervögeln bis hin zur Vergasung.

Das Töten von Gänsen ist nicht sonderlich effektiv. Gänse können fliegen, und obwohl sie eher konservativ sind und am liebsten immer dieselben Brutplätze aufsuchen, gibt es abenteuerlustige Vögel, die gerne Neuland entdecken. Ist ein bestimmtes Gebiet für sie geeignet, werden sich dort also stets wieder neue Gänse einfinden. Das Grasland unattraktiv zu machen und Gänse mittels Robotervögeln systematisch zu verjagen, ist effektiver als ihre Tötung. Abgesehen davon, ist es natürlich anstößig, Gänse zu töten – Gänse haben genauso ein Recht auf Leben wie der Mensch, und der hat sie ja zum Teil sogar dazu eingeladen, sich bei ihm niederzulassen.

Die Deliberation über den Konflikt mit den Gänsen findet zwischen verschiedenen Parteien statt, unter anderem Bauern und Politikern, Medien und Bürgern, dem Flughafen Schiphol und lokalen Entscheidungsträgern. Obwohl die Gänse im Mittelpunkt des Interesses stehen, wird nur über sie geredet, nicht aber mit ihnen. Das ist eine verpasste Chance, denn Gänse verstehen es, sich auf vielfältige Weise zu äußern und mit Menschen zu kommunizieren[99], und sie lernen ihr Leben lang dazu. Gänse können mit Menschen auf individueller Ebene und als soziale Gruppen kommunizieren. Sie tun das mittels direkter Interaktionen – etwa indem sie die Flucht ergreifen oder sich zur Wehr setzen, wenn sie oder ihr Partner eingefangen werden sollen – und mittels materieller Formen des Dialogs wie der Einnahme von Flächen, der Reaktion auf menschliche Eingriffe in die Landschaft und dem absichtlichen Verstoß gegen Vorschriften.

Die Interaktionen zwischen Gänsen und Bauern, Gänsen und Mitarbeitern des Flughafens Schiphol, die angeheuert wurden, um die Gänse zu verscheuchen, Gänsen und Aktivisten lassen sich auch als Bestandteil der Deliberation betrachten. Sie können Ausgangspunkt für eingehendere Überlegungen zur Deliberation mit Gänsen sein. Weiter können individuelle Interaktionen mit Gänsen[100] verbessert werden, indem man anders mit ihnen umgeht und das wissenschaftlich untersucht, und die Beziehungen zwischen diesen Interaktionen und der Politik können intensiviert werden. Die direkte Deliberation mit Gänsen kann dann der Information der Politiker dienen. Entscheidungen, die das Leben der Gänse betreffen, sollten diesen anschließend auf eine ihnen begreifliche Weise kommuniziert werden, etwa durch Anpassungen in der Landschaft oder mittels einer physischen Verdeutlichung.[101] Wenn die Gänse eine Entscheidung nicht akzeptieren, muss darüber beraten werden. Das macht also neue Formen der Interaktion und neue Institutionen erforderlich. Dabei könnten sich verschiedene Gruppen von Menschen intensiver austauschen. Biologen und Politiker verstehen jeweils etwas von ihrem Fach, arbeiten aber noch unzureichend zusammen. Auch Künstler und Landschaftsarchitekten könnten eingeschaltet werden, ebenso wie Philosophen. So würde man den Gänsen gerecht und trüge zu einer strukturellen Verbesserung der Situation bei. Wohin das am Ende führt, steht nicht fest, aber es beginnt damit, dass man einander anders sieht. Wir sind alle neugierige Wesen, da müsste es uns doch gemeinsam gelingen, zu besseren Lösungen zu gelangen.

Neue Richtungen: mit Tieren anders zusammenleben und weiterdenken

So wie die Stimmen und Taten von Gänsen können auch die anderer Tiere in bestehende Institutionen und Praktiken übersetzt werden. Dabei sollte man nicht außer acht lassen, dass Tiere genauso wie Menschen Persönlichkeiten sind, die ihre eigene Vorstellung von einem guten Leben haben. Tiere sind soziale Wesen, die oft unter menschlichem Einfluss, Ausbeutung und ungleichen Machtverhältnissen zu leiden haben, aber sie dürfen nicht auf dieses Leiden reduziert werden. Um Tiere wirklich ernst nehmen zu können, müssen wir natürlich Machtverhältnisse unter die Lupe nehmen und kritisieren, da sonst der Status quo intakt bliebe. Aber das allein genügt nicht; wir müssen auch untersuchen, worin für Tiere ein gutes Leben besteht und wie wir gemeinsam vorankommen können. In neuen Gemeinschaftsformen können auch Begriffe, die bei der Auslegung und Gestaltung von politischen Beziehungen unter Menschen eine Rolle spielen, Klarheit verschaffen. Veränderung muss beim Menschen anfangen, denn Tiere haben heute oft nur wenige oder gar keine Möglichkeiten, ihre Lage zu verbessern, und Menschen bestimmen maßgeblich, wie deren Leben aussieht.

Bevor ich einige allgemeine Empfehlungen gebe, wie diese Veränderung zu bewerkstelligen wäre, möchte ich noch ein paar Beispiele für Situationen besprechen, in denen Menschen schon in anderer Weise mit Tieren zusammengelebt haben, um zu illustrieren, dass Veränderung möglich ist und es bereits bessere Beziehungen zu Tieren gibt.

Neue mehrartige Gemeinschaften

Die Vogelforscherin Len Howard[102] fand, dass die zu ihrer Zeit gängige wissenschaftliche Untersuchung von Vögeln, nämlich unter Laborbedingungen, die realen Gegebenheiten verzerre. Da wildlebende Vögel Angst vor Menschen hätten, löse dieses Umfeld große Angespanntheit aus, und das schlage sich auf die Forschungsergebnisse nieder.[103] Howard beschloss, es anders zu machen. Sie kaufte ein kleines Haus auf dem Land, das sie im wahrsten Sinne des Wortes für die dort beheimateten Vögel öffnete, und schon bald kamen diese durch die Fenster hereingeflogen. Die Vögel lernten sie kennen, und sie die Vögel; sie lernte in den folgenden Jahren nicht nur, deren Sprache zu verstehen, sondern sie und die Vögel entwickelten auch Angewohnheiten, neue sprachliche Ausdrucksformen und Spiele zusammen. Zu einigen Vögeln, vor allem

Kohlmeisen, baute Howard enge Freundschaften auf. Jungvögel schlitterten gern ihr Kopfkissen hinunter, Kohlmeise Sternchen lernte zählen, und der alte Kohlmeisenmann Glatzköpfchen ließ sich in den letzten Tagen seines Lebens stets auf ihrem Schoß nieder. Die Kohlmeisen lernten voneinander, dass Howard zu vertrauen sei, und so wuchs die neue Form des Zusammenlebens über das rein Individuelle hinaus. Howards Beispiel beweist, dass bei der Bildung einer Gemeinschaft die Artzugehörigkeit kein ausschlaggebender Faktor ist und man Tiere durchaus auf der Grundlage von Freiheit und Gleichheit erforschen kann.

Ein zweites Beispiel dafür, dass die »Agency« von Tieren ernst genommen und nach neuen Wegen des Zusammenlebens gesucht wurde, worin nicht allein der Mensch bestimmt, was geschieht, ist das Experiment von Ted Kerasote mit Merle.[104] Kerasote lebte in einem kleinen Ort in Wyoming, wo die meisten Hunde frei umherliefen. Damit auch Merle das konnte, musste Kerasote ihm erst einige Dinge beibringen: nicht hinter Vieh herrennen (denn dann erschießt dich der Bauer), kein Wild jagen und auf den Verkehr achten. Als Merle das alles im Griff hatte, versah Kerasote seine Hintertür mit einer Hundeklappe, so dass Merle kommen und gehen konnte, wann er wollte. Tagsüber war er oft bei seinen Hunde- und Menschenfreunden im Ort, zu festgesetzten Zeiten ging er auch gern mit Kerasote in die Berge, und er war immer rechtzeitig zum Essen da. Er schlief jede Nacht zu Hause und brachte manchmal auch eine Freundin mit. Diese Art zu leben war zwar mit Risiken verbunden – eine Nachbarin gab Merle zum Beispiel immer Kekse, wodurch er zu dick wurde –, aber um vieles reicher als das Leben eines Hundes, dessen Bewegungen immer kontrolliert werden. Kerasote beschreibt, dass Merle, je autonomer er geworden sei, auch klüger geworden sei: Er könne immer besser mit Herausforderungen umgehen, könne eigenständig denken und mit verschiedenartigen anderen Wesen kommunizieren.

Die Untersuchungen von Howard und Kerasote zeigen, dass auf der Basis von Freiheit und Vertrauen andere Beziehungen zu Tieren möglich sind. Vertrauen vergrößert in diesen Beziehungen die Freiheit, und Nähe schränkt diese nicht ein. Das veranschaulicht auch, wie man mit Tieren weiterkommt, wenn der Ansatz nicht von Anfang an anthropozentrisch ist, denn sie haben ihre eigenen Vorstellungen vom Zusammenleben. Wie Howards Erfahrungen zeigen, gibt es in der Hinsicht große individuelle Unterschiede: Manche Kohlmeisen bauten eine enge Beziehung zu ihr auf, andere blieben lieber unter ihresgleichen. Die Grenzen dieser neuen Gemeinschaften stehen nicht fest. Wenn wir Menschen uns anders verhalten, werden Tiere es auch tun, und Kerasotes Beispiel beweist, dass Tiere zu mehr fähig sind, als wir denken.

Neue politische Rituale: Begrüßung

Ergänzend zur Bildung neuer Gemeinschaften, können wir auch neue politische Praktiken im Verhältnis zu solchen Tieren entwickeln, mit denen wir nicht in engen Beziehungen leben können oder wollen. Es kommt ja häufig zu Konflikten, wenn Menschen und Gruppen von Tieren Lebensräume teilen oder um Land konkurrieren – man sieht das sowohl im Zusammenhang mit Elefanten und Löwen als auch mit Ratten und Tauben. In westlichen Gemeinschaften reagiert man darauf oft mit der Tötung oder Verjagung der Tiere, die sich dann aber nicht selten erneut ansiedeln, wie am Beispiel der Gänse gesehen. Stattdessen könnte man auch einfach anders miteinander umgehen. Die Begrüßung wäre zum Beispiel ein guter Anfang für eine respektvolle Interaktion.

Die Verhaltensforscherin Barbara Smuts hat sich lange mit Pavianen befasst,[105] bei denen die Begrüßung sehr wichtig genommen wird. In Begrüßungsritualen wird nämlich nicht nur abgeklärt, wer Freund und wer Feind ist, sondern man trifft auch Abmachungen für die Zukunft und legt fest, wie die sonstigen Umgangsformen aussehen. Paviane, die sich gut kennen, können einander ignorieren, doch für alle anderen gilt, dass große Spannungen in der Luft liegen, wenn man einander nicht beachtet. Forscher sollen ja bei ihrer Arbeit in der Regel möglichst unsichtbar bleiben, doch Smuts fand schnell heraus, dass sie Paviane gerade nicht wie Luft behandeln durfte, wenn sie diese neutral studieren wollte. Vielmehr musste sie die Paviane als soziale Wesen sehen und behandeln, um selbst nicht als fremder Eindringling behandelt zu werden. Dazu musste sie diese als Erstes in angemessener Weise begrüßen. Das heißt, sie musste einen kurzen Blickkontakt herstellen oder knurren, um dem jeweiligen Pavian zu verstehen zu geben, dass sie ihn oder sie wahrnahm. Keine Notiz voneinander zu nehmen, geht bei Pavianen nur unter guten Freunden, ansonsten ist es ein Zeichen von Aggression. Wenn Smuts die Paviane begrüßte, erwiderten diese den Gruß, und dann konnte man sich in gegenseitiger Gesellschaft entspannen.

Begrüßungen sind auch für Menschen wichtig und spielen eine Rolle in der politischen Kommunikation. Iris M. Young[106] vertritt die Ansicht, dass in westlichen wie in nichtwestlichen Gemeinschaften die gegenseitige Begrüßung die politische Praxis möglich mache – weil man den anderen als anderen anerkenne – und reibungslos verlaufen lasse. Rituale können Abläufe strukturieren und tragen dazu bei, dass man sich wohlfühlt. Neben der formellen Funktion kann die Begrüßung auch den Zweck haben, Respekt oder guten Willen zum Ausdruck zu bringen. Gerade wenn man sich nicht mit dem anderen einig ist, kann eine »gute« Begrüßung die Interaktion ebnen. Auch im Umgang von Menschen und Tieren kann die Begrüßung diese beiden Rollen spielen. Erstens gibt man durch die

Begrüßung des anderen zu erkennen, dass man dessen Gegenwart wahrnimmt. Dabei sind freilich, genau wie bei Menschen verschiedener Volksgruppen, kulturelle Unterschiede zu beachten – es gibt Tiere, die einen Blickkontakt als bedrohlich empfinden oder als Zeichen von Aggression auffassen, und Tiere, bei denen er sich gerade positiv auswirkt. Zweitens können Begrüßungen den Umgang mit Konflikten erleichtern. Begrüßungsrituale unter Pavianen haben eine feste Form; bei Konflikten zwischen Pavian und Mensch kann die Entwicklung von Begrüßungen hilfreich sein, um Grenzen abzustecken, ja vielleicht sogar zu einer Verständigung beitragen.

Mit Tieren weiterdenken

Tiere haben ihre eigenen Lebensanschauungen und ihre eigenen Ausdrucksweisen. Statt *für* Tiere zu sprechen, sollten wir daher *mit* ihnen sprechen. Das gilt für den Aktivismus genauso wie für die Tierforschung und das Denken über Tiere.

Aktivisten, denen es um die Verbesserung der Position von Tieren geht, sprechen derzeit oft für sie. Für eine Gruppe zu sprechen, die von der Teilnahme am Diskurs ausgeschlossen ist, hat zwar seine Berechtigung und ist manchmal die beste oder sogar einzige Möglichkeit, bestimmte Dinge ins Blickfeld zu rücken[107], doch wenn wir automatisch davon ausgehen, dass wir für Tiere sprechen müssen, weil sie es selbst nicht können, kann das auch zu einer Verfestigung stereotyper Ansichten über Tiere führen, wie etwa, dass sie dumm und nicht zu politischer Partizipation imstande seien. Die Aufmerksamkeit darauf zu verlegen, was sie sagen, wollen und tun, kann zudem auch instrumentell eine Rolle spielen, weil es Menschen zu der Einsicht verhelfen kann, dass auch Tiere Individuen sind.

Biologen und Verhaltensforscher könnten ihren Beitrag dazu leisten, indem sie die Subjektivität und Individualität von Tieren voraussetzen, statt diese als Objekte zu betrachten, die erst nachweisen müssen, dass sie wie Menschen sind, um mitzählen zu können. In seinen *Philosophischen Untersuchungen*[108] schreibt Wittgenstein das Folgende: »Meine Einstellung zu ihm ist eine Einstellung zur Seele. Ich habe nicht die *Meinung*, dass er eine Seele hat.« Soll heißen, dass wir, um mit anderen umzugehen, nicht erst den Beweis dafür brauchen, dass sie jemand sind. Es funktioniert andersherum: Wenn wir den anderen als jemanden sehen, können wir diesen Jemand kennenlernen. Das ist auch in der Tierforschung wichtig. Forschungsfragen schreiben immer den Rahmen für die Antworten vor, die Tiere geben können. Wird bezweifelt, dass Tiere denken oder fühlen können, führt das oft zu einer Wissenschaft, die ihre Subjektivität infrage stellt.[109] Wenn Menschen zum Beispiel untersuchen, ob Tiere denken, messen sie diese am Menschen. Damit missachtet man, was sie selbst denken und ob sie überhaupt an der

Untersuchung mitarbeiten wollen. Tiere als Subjekte mit eigenen Lebensanschauungen und eigenen Auffassungen von Beziehungen zu Menschen zu sehen würde der Forschung einen neuen Zugang eröffnen, wie zum Beispiel Howard gezeigt hat.

In Bezug auf die Tierforschung ist es auch wichtig, dass man Studien miteinander vergleicht und auf Grundlage davon vorherrschende Ansichten über Tiere revidiert. Heute ist es oft so, dass ein Wissenschaftler einen Aspekt des Verhaltens einer bestimmten Tierart untersucht und die umfassenderen philosophischen Fragen, die das aufwirft, unbeantwortet bleiben. Ein gutes Beispiel ist die Sprachforschung. Zahllose Wissenschaftler studieren einen Aspekt der Kommunikation oder Sprache einer bestimmten Tierart oder Gruppe, während die von der Gesamtheit dieser Untersuchungen aufgeworfene Frage, was Sprache ist, genauso wenig angegangen wird, wie man Konsequenzen hinsichtlich der vermeintlichen Ausnahmestellung des Menschen zöge. Das ist bedauerlich, denn in der Summe könnte diese Forschung unsere Sicht von »Tier« und »Mensch« verändern.

Weiter ist es auch wichtig, sich genauer anzuschauen, wie wissenschaftliche Forschung und politische Praxis miteinander verbunden sind. Die Erforschung der Sprachen, Kulturen, der Moral und anderen Charakteristiken nichtmenschlicher Lebewesen kann uns helfen, unseren Blick für sie zu schärfen und besser mit ihnen umzugehen. Gesetze und politische Institutionen sind gefragt, wenn es um die Neubestimmung und Verankerung ihres Platzes in der Gesellschaft geht. Die politische Philosophie kann wertvolle Hinweise darauf liefern, wie Interaktionen mit Tieren in bestehende politische Praktiken und Institutionen übersetzt werden können.

Um das im Gespräch mit Tieren weiter ausgestalten zu können, braucht es Orte, wo Tiere ihr Leben selbst einrichten können, was auch einschließt, dass sie bestimmen, welche Art von Beziehungen sie zu Menschen wollen. Howard, Kerasote und Smuts haben vorgemacht, wie das geht. Den Anfang könnten private Haushalte machen, aber es sind auch andere Orte denkbar. Donaldson und Kymlicka[110] plädieren dafür, sogenannte *farmed animal sanctuaries*, also Asyle, in denen Tiere aus der Massenviehhaltung einen friedlichen Lebensabend verbringen können, auch als Lokalitäten für die wissenschaftliche Forschung zur politischen Partizipation zu nutzen. An solchen Orten könnte Tieren größere Entscheidungsfreiheit in Bezug auf ihr eigenes Leben eingeräumt werden, worauf Menschen entsprechende Anpassungen ihrer Lebensbedingungen vornähmen, auf die dann wiederum die Tiere reagierten. Die Ergebnisse solcher Experimente könnten weitergehende Untersuchungen und politische Maßnahmen anregen.

Das Denken über Politik von und mit Tieren sollte immer mit dem Ruf nach gesellschaftlicher Veränderung einhergehen. Es macht nicht nur wenig Sinn, Tieren mehr Mitsprache zu ermöglichen, die weiterhin gegessen oder ausgebeutet werden, es ist geradezu pervers. Aktivisten, Philosophen, Künstler, Schriftsteller und viele andere könnten ihr Teil dazu beitragen, am Status quo zu rütteln und neue Welten auszumalen.

Für die meisten Tiere ist dies eine finstere Zeit, und das sollte uns Menschen alle angehen. Wir können neu anfangen und wir müssen neu anfangen, gemeinsam mit den Tieren.

Quellennachweis

Die meisten Gedanken und Ideen in diesem Essay sind meiner Dissertation in Philosophie, *Political Animal Voices*, entnommen, die ich im September 2017 an der Universität Amsterdam verteidigt habe. Darin finden sich auch weitergehende Informationen zu den hier erörterten Themen, ergänzende Literatur und zusätzliche Argumente für meine Standpunkte. Mein Buch *Die Sprachen der Tiere*, das sich mit nichtmenschlichen Lebewesen und Sprache befasst, kann als ein Vorläufer dieses Essays betrachtet werden.

Anmerkungen

1. Jason Hribal, *Fear of the Animal Planet: The Hidden History of Animal Resistance*, AK Press, New York 2010.
2. In meinem Buch *Die Sprachen der Tiere* (Verlag Matthes & Seitz, Berlin 2018) erörtere ich diese und andere Beispiele ausführlicher. In Kapitel 3 des vorliegenden Essays gehe ich näher darauf ein, in welcher Weise Tiere politisch handeln können.
3. Jason Hribal, »The Story of Ken Allen and Kumang: Orangutans, Resistance and the Zoo«. *Counterpunch* 2008. http://www.counterpunch.org/2008/12/16/orangutans-resistance-and-the-zoo/
4. Ich erörtere diese Beispiele weiter unten noch ausführlicher.
5. Zu den neuesten Zahlen siehe z.B. die Website der Stiftung *Wakker Dier*: https://www.wakkerdier.nl
6. Vorsichtige Schätzungen besagen, dass der Klimawandel zu 18 Prozent von der Viehwirtschaft verursacht wird. Siehe dazu zum Beispiel den Bericht der Vereinten Nationen »Livestock's Long Shadow: Environmental Issues and Options« (2006). Online verfügbar unter: http://www.fao.org/docrep/010/a0701e/a0701e00.htm.
7. Siehe dazu zum Beispiel das folgende Dossier der Vereinten Nationen zu den aktuellen Entwicklungen: http://un.org/sustainabledevelopment/climate-change-2.
8. So zum Beispiel bei domestizierten Tieren. Abolitionisten wie Gary Francione sind der Ansicht, dass wir jegliche Beziehungen zu Tieren einstellen sollten, weil diese auf einem unaus-

gewogenen Machtverhältnis zwischen Mensch und Tier beruhten. Für Haustiere würde das nicht nur bedeuten, dass sie nicht mehr von Menschen gehalten werden dürfen, sondern dass sie dann auch oft gar nicht mehr existieren könnten. Geht es nach diesen Denkern, müssen wir uns um die vorhandenen domestizierten Tiere kümmern, aber auch Sorge dafür tragen, dass sie sich nicht weiter fortpflanzen. Damit würde also wieder der Mensch darüber bestimmen, ob Tiere leben dürfen oder nicht. Außerdem beruht das auf einem falschen Bild von Beziehungen und Abhängigkeiten – wir sind alle im Laufe unseres Lebens mal von anderen abhängig – und vernachlässigt die historischen Verpflichtungen, die wir gegenüber den Tieren haben, welche wir in unsere Gesellschaft geholt haben.

9. Sich vegan zu ernähren ist nicht schlechter für die Gesundheit als fleischliche Kost (und besser für den Planeten), und vom Geschmack her, mag er auch für manchen gewöhnungsbedürftig sein, steht die vegane Kost der fleischlichen mit Sicherheit in nichts nach. Es wird sogar immer leichter, sich vegan zu ernähren und vegan zu leben. Für die meisten tierischen Materialien, wie etwa Leder, hat man gute Alternativen entwickelt, abgesehen von Kunststoff zum Beispiel Ananasleder oder Pilzleder, und deren Spektrum ist in den vergangenen zehn Jahren um ein Vielfaches erweitert worden.

10. Fußnote in: Jeremy Bentham, *Eine Einführung in die Prinzipien der Moral und Gesetzgebung*, Senging, Saldenburg 2013 (Übersetzung: Irmgard Nash).

11. Die Utilitaristen sind sich uneins über die Frage, wie Interessen gewichtet werden sollen. Für die einen besteht das Glück vor allem in Lust und Freude, während die sogenannten Präferenzutilitaristen die Befriedigung informierter Bedürfnisse darunter verstehen. Es würde hier zu weit führen, sich eingehender damit zu befassen. Eine gute Einführung in solch tierethische Fragen findet man in *Ethics and Animals* von Lori Gruen (Cambridge University Press, Cambridge 2011).

12. Viele politische Maßnahmen sind mehr oder weniger utilitaristisch, denn die Politik will meist erreichen, dass das Wohl aller gemehrt wird. Als Einzelner wägt man wahrscheinlich auch regelmäßig Interessen gegeneinander ab – man hat eigentlich keine Lust, zur Oma zu gehen, weiß aber, dass man sie damit sehr glücklich machen würde, und so geht man dann doch. Der Utilitarismus kennt aber auch eine der Intuition zuwiderlaufende Seite. Angenommen, eine Verbrecherbande hat sechs unschuldige Menschen auf ein Bahngleis gefesselt. Man hätte die Möglichkeit, den Zug umzuleiten, würde dadurch jedoch den Tod eines anderen Unschuldigen verursachen. Greift man aber nicht ein, sterben sechs Menschen. Der Utilitarismus lässt keinen Zweifel daran, was in diesem Fall zu tun ist. Da man die moralische Pflicht habe, das größtmögliche Glück in unserer Welt zu fördern, müsse man die Weiche stellen. Okay, denkt jetzt vielleicht mancher Leser, das ist natürlich richtig – lieber sich die Hände schmutzig machen und dafür mehr Leben retten. Aber kann man das auch in anderen Situationen gelten lassen? Angenommen, Experimente an Menschen könnten dazu beitragen, eine bestimmte Krebsart zu heilen. Dabei würden zwanzig Menschen einen langsamen, qualvollen Tod sterben, doch in der Zukunft könnten Tausende vor diesem Tod bewahrt werden. Dem Utilitarismus zufolge wäre es unsere Pflicht, diese Experimente vorzunehmen. Und ein letztes Beispiel: Opa Henk, ein übellauniger alter Mann ohne Freunde, ist Millionär. Sein Enkel Joop hätte die Gelegenheit, durch Investitionen für einen guten Zweck zahllose Menschenleben zu retten. Dafür müsste Opa Henk aber erst tot sein, damit Joop sein Erbe erhält. Soll Joop seinen Opa also klammheimlich um die Ecke bringen? Nach utilitaristischem Ermessen wäre es sogar Joops Pflicht, seinen Opa zu töten. Einigen großen Pluspunkten des Utilitarismus im Denken über Tiere, nämlich dass wir keine Unterschiede zwischen der einen und der anderen Art machen dürfen, weil nur

das Wohl aller zählt, und dass wir deshalb alle gleichen Interessen auch in gleicher Weise berücksichtigen müssen, steht, wie die gerade angeführten Beispiele zeigen, das Problem gegenüber, dass es nicht auf den Einzelnen ankommt, sondern immer auf die Gesamtheit. Das ist ein Denkansatz, der problematisch ist, in puncto Mensch genauso wie in puncto Tier.

13. Regan geht es vor allem um den moralischen Aspekt von Rechten. Er postuliert, dass auch nichtmenschliche Lebewesen Teil unserer moralischen Gemeinschaft sein müssten und ihnen entsprechende Rechte zustünden. Einen anderen Weg im Kampf um Tierrechte schlägt zum Beispiel der Jurist Steven Wise vor. Er plädiert dafür, dass Schimpansen vor dem Gesetz genauso als Personen anerkannt werden müssten wie Menschen, und stützt sich dabei auf neuere biologische und ethologische Forschungen, wonach Schimpansen in vielerlei Hinsicht menschenähnlich sind. Wise schweben hier die sogenannten Habeas-Corpus-Rechte vor, die Gefangenen die unverzügliche Prüfung der Rechtmäßigkeit ihrer Verhaftung durch einen Richter ermöglichen. Das von ihm initiierte *Nonhuman Rights Project* (NRP) hat inzwischen erreicht, die Sache vor Gericht zu bringen. Der nächste Schritt soll die tatsächliche Befreiung der Schimpansen sein. Wise folgt also wieder einer Argumentation, die mit den weiter oben erörterten Theorien vergleichbar ist: Was für den Menschen (und andere Rechtskörper wie etwa Unternehmen) gilt, sollte auch für Tiere mit vergleichbaren Fähigkeiten gelten. Wise schließt wohlgemerkt nicht alle Tiere ein, sondern geht in erster Linie von nichtmenschlichen Primaten aus, also den Arten, die uns Menschen genetisch am nächsten verwandt sind. Wenn erst die Barriere zwischen Menschen und Tieren gefallen sei, könnten weitere Arten folgen.

Das NRP hat eigentlich zweierlei Ziele. Zum einen lotet es die gesetzlichen Möglichkeiten aus. Das Rechtssystem in den Vereinigten Staaten ist anders strukturiert als in Europa, Richter haben dort mehr Spielraum für den Schritt zur Anerkennung von Tieren als Rechtspersonen. Zwar hat das NRP noch keine Schimpansen befreien können, aber immerhin erreicht, ihre Sache vor Gericht zu bringen: Richter sind also durchaus offen dafür, Tiere aus einem anderen Blickwinkel zu betrachten. Und das ist auch das zweite Anliegen des NRP. Menschen sollen lernen, Tiere anders zu sehen und anders über sie zu denken. Wise hat ein beachtliches Medieninteresse geweckt und wurde keineswegs belächelt. Viele Menschen stimmen darin überein, dass es nicht in Ordnung ist, einen Schimpansen in Einzelhaft zu halten, ohne Aussicht auf Verbesserung. Seit Untersuchungen belegt haben, dass es keine scharfe Grenze zwischen Menschen und Menschenaffen gibt, überdenken Menschen ihre Sichtweise. Wise schätzt sein Projekt optimistisch ein und glaubt, dass wir in zwanzig Jahren die ersten Schimpansen als Rechtspersonen begrüßen können. Mal sehen, ob sich das erfüllt. Etwas Vergleichbares für Nutztiere zu erreichen dürfte noch weitaus schwieriger sein; wirtschaftliche Interessen sind oft maßgeblich, und die Interessen der Fleischindustrie und anderer Sektoren wiegen schwer.

14. Die politische Philosophie hat sich lange Zeit nicht mit Tieren befasst, und Tierphilosophen beschränkten sich auf den ethischen Rahmen. Mit Ausnahme etwa der Philosophen Mark Rowlands und Robert Garner, die für einen anderen Umgang mit Tieren auf der Grundlage von Gerechtigkeit und Demokratie plädieren. Sie sehen in politischen Institutionen das beste Medium, darauf hinzuarbeiten.

15. Sue Donaldson und Will Kymlicka, *Zoopolis. Eine politische Theorie der Tierrechte*, Suhrkamp Verlag, Berlin 2013. Im Sog von *Zoopolis* erschienen weitere Bücher über die Anwendung politischer Grundsätze auf unsere Beziehungen zu Tieren. Das demokratische Prinzip der Gleichbehandlung erörterte Siobhan O'Sullivan in *Animals, Equality and Democracy* (Palgrave Macmillan, Hampshire 2011). Alasdair Cochrane setzte

sich mit der Verantwortung des Menschen im Zusammenhang mit Tierrechten ohne Tierbefreiung auseinander (*Animal Rights Without Liberation: Applied Ethics and Human Obligations,* Columbia University Press, Columbia 2012). Robert Garner stellte Überlegungen zur Repräsentation von Tieren in der menschlichen Demokratie an (*A Theory of Justice for Animals,* Columbia University Press, Columbia 2013). Sie alle verwenden politische Begriffe – Demokratie, Staatsbürgerschaft, Grundrechte – für Konzepte zur möglichen Umgestaltung unserer Beziehungen zu Tieren. Das liefert ein ganzes Arsenal neuer Instrumente für das Denken über die Beziehungen zwischen Mensch und Tier.

16. Falls Sie jetzt befürchten, dann könnten wir uns vor Tieren nicht mehr retten: Die meisten nichtmenschlichen Lebewesen in unserer Nähe werden heute von Menschen im Rahmen der Viehwirtschaft gezüchtet. Wenn damit Schluss ist, besteht unsere Aufgabe darin, den jetzt vorhandenen Tieren ein gutes Leben zu bieten und keine weiteren Tiere mehr zu produzieren – was bedeuten würde, dass schon in zehn Jahren erheblich weniger Tiere da wären.
17. Siehe zum Beispiel:
Alasdair Cochrane, *Animal Rights Without Liberation,* op. cit.
Emma Planinc, »Democracy, Despots and Wolves: On the Dangers of Zoopolis's Animal Citizen«, *Canadian Journal of Political Science/Evue canadienne de science politique* 47, 1 (2014), S. 1-21.
Siehe auch meine Ausführungen zu Angela Pepper im nächsten Kapitel.
18. Zur Moralität von Tieren siehe zum Beispiel:
Marc Bekoff und Jessica Pierce, *Wild Justice: The Moral Lives of Animals,* University of Chicago Press, Chicago 2009.
Jonathan Crane (Hrsg.), *Beastly Morality: Animals as Ethical Agents,* Columbia University Press, Columbia 2015.
19. Ebd.

20. Carlo Brentari, »Behaving Like an Animal? Some Implications of the Philosophical Debate on the Animality of Men«, in: Morten Tønnessen, Kristin Armstrong Oma und Silver Rattasepp (Hrsg.), *Thinking about Animals in the Age of the Anthropocene*, Lexington Books, New York 2016, S. 127-145.
21. Ebd. Siehe auch: Frans de Waal, *Zijn we slim genoeg om te weten hoe slim dieren zijn?*, Atlas Contact, Amsterdam 2016.
22. Eine ausführliche Kritik findet sich zum Beispiel bei Alasdair Cochrane, »Cosmozoopolis: The case against group-differentiated animal rights«, in: *Law, Ethics and Philosophy* 1/1 (2013), S. 127-141.
    Steve Cooke, »Perpetual Strangers: animals and the cosmopolitan right«, in: *Political Studies*, 62/4 (2013), S. 930-944.
23. Jacques Derrida, *Das Tier, das ich also bin*, Passagen Verlag, Wien 2010.
24. Siehe von Jacques Derrida auch *Das Tier und der Souverän, Bd. I + II*, Passagen Verlag, Wien, 2015 + 2017.
25. Cary Wolfe, *Animal Rites: American Culture, the Discourse of Species, and Posthumanist Theory*, Chicago University Press, Chicago 2003.
26. Hydropolypen sind übrigens unsterblich: Sie können immer wieder in ihr Embryonalstadium zurückkehren und sich wieder von vorne entwickeln. Wenn sie nicht verspeist werden oder einer Krankheit erliegen, bleiben sie ganz einfach am Leben.
27. Dinesh Wadiwel, »Der Krieg gegen die Tiere«, in: Jessica Ullrich, Mieke Roscher (Hrsg.), *Tierstudien*, 12, Neofelis Verlag, Berlin 2017.
28. Macht lässt sich nicht aus der Welt schaffen. Der französische Philosoph Michel Foucault hat viel über Macht geschrieben und weist darauf hin, dass wir immer in irgendeinem Machtverhältnis zu anderen stehen (siehe zum Beispiel: *Überwachen und Strafen. Die Geburt des Gefängnisses*, Suhrkamp Verlag, Frankfurt am Main 1976). Das sei nicht per se schlecht:

Macht sei produktiv und bewirke alles Mögliche; Machtverhältnisse formten uns auch. Nach Foucault ist ein Machtverhältnis immer dynamisch, trägt also die Möglichkeit zur Veränderung in sich. Wenn dem nicht so sei, spreche man nicht mehr von Macht, sondern von Beherrschung. Also kann auch bei Tieren in der Fleischindustrie oder in Versuchslabors nicht von Macht die Rede sein, und auch bei vielen Tieren, die uns Gesellschaft leisten, nicht – denn für sie gibt es keine Möglichkeit auf Veränderung. Eine zweite Beobachtung Foucaults, die für das Denken über Tiere von Wichtigkeit ist, betrifft die praktizierten Formen der Machtausübung. Während sich die Macht des Souveräns früher daraus herleitete, dass er den Einzelnen mit dem Tod drohen konnte, haben sich moderne Staaten darauf verlegt, mittels Wissenschaft und Technologie das biologische Leben der Gesamtheit ihrer Bürger zu regulieren. Diese sogenannte »Biomacht« finden wir auch im Umgang mit Tieren wieder. Die Körper landwirtschaftlicher Nutztiere werden von Geburt an und bis über den Tod hinaus von Menschen gemacht und manipuliert. Diese Tiere werden genetisch angepasst, damit sie einen möglichst hohen Gewinn abwerfen, sie leben ihr ganzes Leben lang in Gefangenschaft unter menschlicher Aufsicht, ihre Versorgung ist darauf ausgerichtet, dass sie möglichst schnell möglichst groß werden, sie werden möglichst kostensparend verfrachtet und getötet. Wissenschaft und Macht gehen in diesem Beispiel Hand in Hand. Die Wissenschaft entwickelt das Wissen, das dazu benötigt wird, die angewandten Techniken zu perfektionieren: Die Forschungsfragen werden in diesem Fall von der Industrie vorgegeben, und die Erkenntnisse stärken diese Industrie.

Will man das zur Diskussion stellen, genügt es nicht, nur die Tierhaltung zu kritisieren, denn unsere Erkenntnissysteme und unsere Kultur sind untrennbar mit diesen Praktiken verknüpft. »Apparat« ist hier der treffende Ausdruck. Es handelt sich um ein zusammenhängendes System von Begriffen, Ideologien, Praktiken und Institutionen, die ein bestimmtes Regime aufrechterhalten. Geht es um das Essen von Tieren, spielen Gedanken über die Unterscheidung von Mensch und Tier mit, über das Wort »Fleisch«, über wirtschaftliche Interessen von Bauern und Konsumenten, über die Viehwirtschaft, EU-Subventionen für landwirtschaftliche Betriebe, die genetische Manipulation von Tieren und die dazugehörige Forschung, über die Unsichtbarkeit von Tieren in Ställen und über politische Entscheidungen. Foucault betont stets die Beziehung zwischen Wissen und Macht in diesem System. Wir denken gern, dass Wissenschaft nichts mit Macht zu tun habe und immer nach Fakten forsche, doch Fakten sind von Machtverhältnissen beeinflusst – sowohl im Hinblick darauf, nach welchen wir forschen, als auch darauf, wie wir sie erforschen. Wenn wir eine Praxis kritisieren wollen, wie etwa die Fleischindustrie, ist es also wichtig, das Gesamtgebilde aufs Tapet zu bringen. Man kann zwar schon Veränderungen bewirken und individuellen Tieren helfen, wenn man sich für größere Stallungen starkmacht, Veganer wird oder das Tierleid zur Sprache bringt, doch um eine strukturelle Verbesserung der Lage von Tieren zu bewirken, müssen wir den gesamten Apparat ins Auge fassen.

29. Jacques Derrida, *Das Tier, das ich also bin*, op. cit.
30. Kimberle Crenshaw, »Mapping the Margins: Intersectionality, Identity Politics, and Violence Against Women of Color«, in: *Stanford Law Review* 43/6 (1991), S. 1241-1299.
31. Wie etwa Greta Gaard, Lori Gruen und Val Plumwood.
32. Heutige Ökofeministinnen sehen auch die binäre Opposition Mann/Frau kritisch und weisen darauf hin, dass es eine weit größere Variabilität in Gender und Genderexpression gebe.
33. Aph Ko und Syl Ko, *Aphro-ism: Essays on Pop Culture, Feminism, and Black Veganism from Two Sisters*, Lantern, New York 2017.

34. Sunaura Taylor, *Beasts of Burden: Animal and Disability Liberation*, The New Press, New York 2017.
35. David N. Pellow, »Toward a Critical Environmental Justice Studies. Black Lives Matter as an Environmental Justice Challenge«, in: *Du Bois Review* 13/2 (2016), S. 221-236.
36. Bei Unterdrückung denken wir oft an Gefangenschaft, Sklaverei oder sonstige physische Beschränkungen von Menschen und Tieren. Die Bewegungsfreiheit von Mitgliedern marginalisierter Gruppen wird aber auch psychologisch beeinflusst und eingeschränkt. Zum Beispiel auf dem Wege der Stereotypisierung. Die amerikanische politische Philosophin Iris M. Young (*Justice and the Politics of Difference*, Princeton University Press, Princeton 1990) weist darauf hin, dass Individuen durch Stereotypisierung, d.h. die Zuschreibung bestimmter Charakteristiken aufgrund von Vorurteilen gegenüber der Gruppe, der sie angehören, sowohl exponiert als auch unsichtbar gemacht würden. Exponiert, weil negative Vorstellungen von der Gruppe zum Tragen kämen, unsichtbar, weil die Individualität der Gruppe untergeordnet wird. Ein Beispiel für eine Tierart, die unter negativer Stereotypisierung zu leiden hat, ist die Ratte. Ratten sind intelligente und empathische Wesen, die mit dem Menschen vieles gemein haben. Dennoch werden sie als ekelerregend und als Überträger von Krankheiten verunglimpft und für eine Plage gehalten. Infolgedessen haben Menschen Angst vor Ratten, was sie darin hindert, sie kennenzulernen und darüber ihre Angst abzubauen. So werden Ratten massenhaft vergiftet. Stereotypisierung ist ein kulturelles Phänomen, das sich mit der Zeit wandeln kann. Der Soziologe Colin Jerolmack (»How Pigeons Became Rats: The Cultural Spatial Logic of Problem Animals«, in: *Social Problems* 55 (2008) S. 72-94) hat untersucht, wie Menschen in Amerika zu Beginn des zwanzigsten Jahrhunderts begannen, Tauben als Plage zu betrachten. Ursprünglich hatten Tauben als besondere Vögel gegolten, bis es

irgendwann immer mehr von ihnen gab. Da und dort wurden sie nun als Belästigung empfunden, und in den Medien verschärfte sich der Ton gegen sie. Der negative Tenor der Berichterstattung über Tauben schlug sich auf die allgemeine Haltung nieder, und mit einem Mal erschienen die Tötung und Verjagung der Tiere als Option.

37. Donna Haraway, *Das Manifest für Gefährten. Wenn Spezies sich begegnen – Hunde, Menschen und signifikante Andersartigkeit*, Merve Verlag, Berlin 2016.

38. Jason Hribal, »Animals, Agency, and Class: Writing the History of Animals from Below«, in: *Human Ecology Review*, 14/1 (2007), S. 101-112.

39. Für eine ausführlichere Beschreibung dieses Beispiels siehe: Sue Donaldson und Will Kymlicka, *Zoopolis*, op. cit., S. 253 f.

40. Unter politischer *agency* ist die Fähigkeit zu politischem Handeln zu verstehen. Für *agency*, die Fähigkeit zu gezieltem Handeln, gibt es noch keine wirklich treffende Übersetzung. Die *agency* wird mit der *structure* kontrastiert, womit die Strukturen, die unser Handeln bestimmen, gemeint sind. Die Fragestellung ist, ob wir autonom bestimmen, wie wir handeln können, oder ob unser Handeln komplett von übergreifenden Strukturen dirigiert wird.

41. Kersty Hobson, »Political Animals? On Animals as Subjects in an Enlarged Political Geography«, in: *Political Geography*, 26/3 (2007), S. 250-267.

42. Angela Pepper, »Political Agency in Humans and Other Animals«, Beitrag auf der Konferenz *Political Animals: Agency, Participation, and Representation*, Workshop, 5. März 2016, Montreal.

43. Ludwig Wittgenstein schreibt, dass die Kleider unserer Sprache alles gleichmachten. Er meint damit, dass Wörter in vielerlei Zusammenhängen gebraucht werden und immer etwas anderes bedeuten können, während sie immer dieselbe Form haben. Man nehme zum Beispiel das Wort »Liebe«. Es

kann auf vielerlei Gefühle, Beziehungen und Vorgänge verweisen, obwohl es ein und dasselbe Wort ist. Ein schönes Wort natürlich.

44. Den Nachdruck immer nur auf die Grausamkeit und den Jagdtrieb zu legen, angeheizt von gewissen Naturdokumentationen, ist aber auch nicht richtig – Kooperation und Altruismus sind bei Tieren wichtiger für den Fortbestand als Konkurrenz, und bei etlichen Arten sind Moralität und Gruppengefühl vorzufinden.
45. Veganismusgegner sagen oft, Tiere »in der Natur« würden sich ja auch gegenseitig fressen. Kein sonderlich starkes Argument. Erstens hinkt der Vergleich beispielsweise in Bezug auf Löwen. Löwen züchten und töten nicht Milliarden von Gazellen, und Menschen sind keine Karnivoren. Sie haben auch die Möglichkeit, sich für etwas anderes zu entscheiden, während viele Tiere an ihren Lebensraum und die dortigen Herausforderungen gebunden sind. Überdies kann man aus dem, was ist, nie ableiten, wie es sein sollte. Wenn Erpel ein Entenweibchen so lange vergewaltigen, bis es zu Tode kommt, gilt das bei uns ja auch noch lange nicht als Legimitation für die Vergewaltigung von Frauen.
46. Henrik Thurfjell, Simone Ciuti und Mark Boyce, »Learning from the Mistakes of Others: How Female Elk (Cervus elaphus) Adjust Behaviour with Age to Avoid Hunters«, in: *PLoS One*, 12/6 (2017), e0178082.
47. Jason Hribal, »Animals are Part of the Working Class: A Challange to Labour History«, in: *Labour History*, 44/4 (2003), S. 435-453.
    Jason Hribal, »Animals, Agency, and Class: Writing the History of Animals from Below«, in: *Human Ecology Review*, 14/1 (2007), S. 1010-1012.
48. James Tully, *Public Philosophy in a New Key, Volume 1: Democracy and Civil Freedom (Ideas in Context)*, Cambridge University Press, Cambridge 2009.

49. Jacques Rancière, *Der Hass der Demokratie*, August Verlag, Berlin 2011.
50. Stefan Dolgert, »Animal Republics: Plato, Representation, and the Politics of Nature«, in: *Politics and Animals*, 1/1 (2015), S. 75-88.
51. Hier können Übersetzer eine Rolle spielen, wie sie es auch bei Menschen verschiedenartiger Gemeinschaften tun. Einerseits geht es um die eigentliche Übersetzung von der einen in die andere Sprache, andererseits um die kulturelle und politische Übertragung. Tierforscher – wie etwa Jane Goodall, die ihren Forschungsobjekten Namen gab und sie damit als eine der ersten Wissenschaftlerinnen als Subjekte präsentierte – können dazu beitragen, dass wir Tiere anders sehen. Das gilt auch für Philosophen, Künstler und andere, die mit kulturellen Begriffen und Ideen arbeiten. Politiker, Juristen und andere, die mit Recht und Politik befasst sind, können die Interessen von Tieren vertreten und damit sowohl deren kulturelle Position als auch deren Rechtsstatus verbessern. Und auch Tiere, die bereits gut mit Menschen kommunizieren können, wären wichtige Mittler – domestizierte Hunde können sowohl mit Menschen als auch mit verwilderten Hunden kommunizieren.
52. http://www.bbc.com/news/uk-england-nottinghamshire-24807719
53. Janet M. Alger und Steven F. Alger »Canine Soldiers, Mascots, and Stray Dogs in U.S. Wars: Ethical Considerations«, in: Ryan Hediger (Hrsg.), *Animals and War*, Human Animal Studies, Bd. 15. BRILL, Leiden 2012, S. 77-104.
54. http://www.cbc.ca/radio/thecurrent/the-current-for-november-30-2016-1.3872870/november-30-2016-full-episode-transcript-1.3875459
55. Die Abschaffung der Sklaverei wird oft als das Ergebnis einer fortschreitenden moralischen Einsicht gesehen, doch es gibt auch Menschen, die denken, dass vor allem wirtschaftliche

Gründe dahinter gestanden haben: Maschinen waren kostengünstiger und einfacher im Umgang als Sklaven (zu einer ausführlicheren Auseinandersetzung mit der Beziehung zwischen Moral und Wirtschaft siehe: Sue Donaldson und Will Kymlicka, *Zoopolis*, op. cit, Kapitel 8). Vielleicht werden der Klimawandel und die damit einhergehenden Probleme den Menschen in ähnlicher Weise zwingen, den Umgang mit Tieren zu verändern.

56. Will Kymlicka, »Social Membership: Animal Law beyond the Property/Personhood Impasse«, in: *Dalhousie Law Journal*, pdf unter: http://www.academia.edu/31375188/Social_Membership_Animal_Law_beyond_the_Property_Personhood_Impasse_2017_
57. John Hadley, »Non-human Animal Property: Reconciling Environmentalism and Animal Rights«, in: *Journal of Social Philosophy*, 36/3 (2005), S. 305-315.
58. Josh Milburn, »The Demandingness of Nozick's ›Lockean‹ Proviso«, in: *European Journal of Political Theory*, 15/3 (2016), S. 276-292.
59. Steve Cooke, »Animal Kingdoms: On Habitat Rights for Wild Animals«, in: *Environmental Values* 26/1 (2017), S. 53-72.
60. Victoria Braithwaite, *Do Fish Feel Pain?*, Oxford University Press, Oxford 2010.
61. Ebd.
62. Marie-Claire Cammaerts und Roger Cammaerts, »Are Ants (Hymenoptera, Formicidae) Capable of Self Recognition?«, in: *Zoology*, 5/7 (2016), S. 521-532.
    Enikő Gyuris, Orsolya Feró und Zoltán Barta, »Personality traits across ontogeny in firebugs, Pyrrhocoris apterus«, in: *Animal Behaviour*, 84/1 (2012), S. 103-109.
63. Untersuchungen zeigen, dass auch Bäume, Pflanzen und Schimmelpilze kommunizieren und denken. Im vorliegenden Essay befasse ich mich mit Tieren, doch die gleichen Fragen spielen auch in Relation zu diesen anderen Lebewesen

eine Rolle, siehe zum Beispiel: Peter Wohlleben, *Das geheime Leben der Bäume. Was sie fühlen, wie sie kommunizieren – die Entdeckung einer verborgenen Welt*, Ludwig Verlag, München 2015.

64. Charles Darwin, *Die Bildung der Ackererde durch die Thätigkeit der Würmer*, Schweizerbart Verlag, Stuttgart 1882.
65. Ihre Ausscheidungen schützen außerdem menschliche Überreste in der Erde; auch Archäologen müssten ihnen sehr dankbar sein, meinte Darwin.
66. Bruno Latour, *Die Hoffnung der Pandora. Untersuchungen zur Wirklichkeit der Wissenschaft*, Suhrkamp Taschenbuch Verlag, Frankfurt am Main 2001.
67. Jane Bennett, *Vibrant Matter: A Political Ecology of Things*, Duke University Press, Durham 2010.
68. Lara Zirbes, Jean-Louis Deneubourg, Yves Brostaux und Eric Haubruge, »A New Case of Consensual Decision: Collective Movement in Earthworms«, in: *Ethology*, 116/6 (2010), S. 546-553.
69. Ralph Acampora, »Oikos and Domus: On Constructive Cohabitation with Other Creatures«, in: *Philosophy & Geography*, 7/2 (2004), S. 219-235.
70. Donna Haraway, *Das Manifest für Gefährten*, op. cit.
71. Sebastian Abrahamsson und Filippo Bertoni, »Compost Politics: Experimenting with Togetherness in Vermi-composting«, in: *Environmental Humanities*, 4 (2014), S. 125-148.
72. Thomas Seeley, *Bienendemokratie: wie Bienen kollektiv entscheiden und was wir davon lernen können*, Fischer Verlag, Frankfurt am Main 2014.
73. Zu diesem und weiteren Beispielen siehe mein Buch: *Die Sprachen der Tiere*, op. cit.
74. Siehe zum Beispiel: Barbara Smuts, »Encounters with Animal Minds«, in: *Journal of Consciousness Studies*, 8/5-7 (2001), S. 293-309, Ted Kerasote, *Merle's Door: Lessons from a Freethinking Dog*, Harcourt, Boston 2007.

75. Sue Donaldson, »Animal Citizens and the Democratic Challenge« (noch nicht veröffentlichtes Diskussionspapier zu einer Konferenz der interdisziplinären *Groupe de recherche en éthique environmentale et animale* an der Universität Montreal, April 2017).
76. Sy Montgomery, »Are Your Chickens Talking about You?«, *Boston Globe*, 11. April 2016.
https://www.bostonglobe.com/lifestyle/2016/04/10/are-your-chickens-talking-about-you/xX5DPEGJxAOt5npMAa4FGO/story.html
77. Siehe: »Die unglaubliche Flucht von Inky, dem Kraken«, *Die Welt*, 13. April 2016.
https://www.welt.de/vermischtes/article154309881/Die-unglaubliche-Fucht-von-Inky-dem-Kraken.html
78. Can Kabadayi und Mathias Osvath, »Ravens Parallel Great Apes in Flexible Planning for Tool-use and Bartering«, in: *Science, 357/6347* (2017), S. 202-204.
79. Zur Einführung in das Werk von Habermas siehe zum Beispiel: Jens Greve, *Jürgen Habermas. Eine Einführung*, UKV-Verlagsgesellschaft, Konstanz 2009.
80. In meinem Buch *Die Sprachen der Tiere* (op. cit.) gehe ich ausführlich auf Sprachen nichtmenschlicher Lebewesen und die Frage ein, was Sprache eigentlich ist. Die hier angeführten Beispiele erörterte ich dabei detailliert.
81. Irene Pepperberg, »Grey Parrot Intelligence«, in: *Proceedings of the International Aviculturists Society*, 1995/1, S. 11-15.
82. John Pilley und Allison Reid, »Border Collie Comprehends Object Names as Verbal Referents«, in: *Behavioural processes*, 86/2 (2011), S. 184-195.
John Pilley, »Border collie comprehends sentences containing a prepositional object, verb, and direct object«, in: *Learning and Motivation*, 44/4 (2013), S. 229-240.
83. Rachele Malavasi und Ludwig Huber, »Evidence of Heterospecific Referential Communication from Domestic Hor-

ses (Equus caballus) to Humans«, in: *Animal Cognition*, 19/5 (2016), S. 899-909.
84. Stephanie King und Vincent Janik, »Bottlenose Dolphins Can Use Learned Vocal Labels to Address Each Other«, in: *Proceedings of the National Academy of Sciences*, 110/32 (2013), S. 13216-13221.
85. Constantine N. Slobodchikoff, Bianca S. Perla und Jennifer L. Verdolin, *Prairie Dogs: Communication and Community in an Animal Society*, Harvard University Press, Cambridge 2009.
86. Joseph Soltis, Lucy King, Iain Douglas-Hamilton, Fritz Vollrath und Anne Savage, »African Elephant Alarm Calls Distinguish between Threats from Humans and Bees«, in: *PLoS One*, 9/2 (2014), e89403.
87. Eva Meijer, *Die Sprachen der Tiere*, op. cit.
88. Erin Gillam und Brock Fenton, »Roles of Acoustic Social Communication in the Lives of Bats«, in: *Bat Bioacoustics*, 1 (Springer, New York 2016), S. 117-139.
89. Martin Moynihan, »Structures of Animal Communication«, in: Michael H. Robinson und Lionel Tiger, *Man and Beast Revisited*, Smithsonian Institution Press, Washington 1991, S. 193-202.
90. Iris M. Young, *Inclusion and Democracy*, Oxford University Press, Oxford 2000.
91. Jean-François Lyotard, *Der Widerstreit*, Fink Verlag, München 1989.
92. John Dryzek, »Green Reason«, in: *Environmental Ethics*, 12/3 (2008), S. 195-210.
93. Susan Bickford, »Emotion Talk and Political Judgment«, in: *The Journal of Politics*, 73/4 (2011), S. 1025-1037.
94. Iris M. Young, *Inclusion and Democracy*, op. cit.
95. Cécilie Mejdell, T. Buvic, G. Jørgensen und K. Bøe, »Horses can learn to use symbols to communicate their preferences«, in: *Applied Animal Behaviour Science*, 184 (2016), S. 66-73.
96. Clemens P. G. Driessen, »Animal Deliberation«, in: M. L. J.

Wissenburg und D. Scholsberg (Hrsg.), *Animal Politics and Political Animals*, Palgrave Macmillan, Hampshire 2014, S. 90-104.

97. Jane Mansbridge, James Bohman, Simone Chambers, Thomas Christiano, Archon Fung, John Parkinson, Dennis F. Thompson und Mark E. Warren, »A Systemic Approach to Deliberative Democracy«, in: John Parkinson und Jane Mansbridge, *Deliberative Systems: Deliberative Democracy at the Large Scale*, Cambridge University Press, Cambridge 2012, S. 1-26.

98. Diesen Fall habe ich in meinem Artikel »Ganzenpolitiek: van vergassen naar communicatie«, in: *ThemaTijdschrift: De Gans* (Dezember 2015) ausführlicher erörtert.

99. Konrad Lorenz, *Hier bin ich – wo bist Du? Ethologie der Graugans*, Piper Verlag, München 1988.

100. Gänse sind sehr intelligente Tiere mit einer reichen Sprache, und Gänse und Menschen können enge Freundschaften aufbauen. Der Verhaltensforscher Konrad Lorenz (op. cit.) nannte sie daher das beste Haustier für den Menschen nach dem Hund. Er meinte damit zwar Gänse, die von Menschen aufgezogen wurden, aber auch unter anderen Umständen können Gänse und Menschen auf verschiedenste Weise miteinander kommunizieren.

101. In den Niederlanden kümmert sich zum Beispiel die »Stichting Hofganzen« um dergleichen. Diese Stiftung bemüht sich um die tierfreundliche Lösung von Problemen zwischen Menschen und Gänsen, wo diese auftreten, zum Beispiel, indem sie die Gänse an einen anderen Ort dirigiert.

102. Len Howard, *Alle Vögel meines Gartens. Geheimnisse des Vogellebens*, Franckh'sche Verlagshandlung, Stuttgart 1954.
Len Howard, *Living with Birds*, Collins Press, London 1956.

103. Neuere Untersuchungen zeigen, dass dies in der Tat so ist, siehe zum Beispiel:
Jennifer Laude, »I Can Time with a Little Help from My Friends: Effect of Social Enrichment on Timing Processes in

Pigeons (Columbia livia)«, in: *Animal Cognition*, 19/6 (2016), S. 1205-1213.

104. Ted Kerasote, *Merle's Door: Lessons from a Free-thinking Dog*, Harcourt, Boston 2007.
105. Barbara Smuts, »Encounters with Animal Minds«, in: *Journal of Consciousness Studies*, 8/5-7 (2001), S. 293-309.
106. Iris M. Young, *Inclusion and Democracy*, op. cit.
107. Linda Alcoff, »The Problem of Speaking for Others«, in: *Cultural Critique*, 20 (1991), S. 5-32.
108. Ludwig Wittgenstein, *Philosophische Untersuchungen*, Suhrkamp Verlag, Frankfurt am Main 2003.
109. Die kognitiven Fähigkeiten von Tieren werden oft deshalb angezweifelt, weil sie vermeintlich keine Sprache haben. Menschen meinen, dass Tiere nicht denken, nur weil diese nicht in Menschensprache sprechen. Wobei auch Menschen, die ein und die gleiche Sprache sprechen, sich deswegen nicht unbedingt verstehen und wissen, was im Kopf ihres Gegenübers vorgeht, beziehungsweise ob überhaupt etwas darin vorgeht. Dass die Köpfe von Tieren im Gegensatz zu denen von Menschen, zu denen wir Zugang zu haben glauben, als *black boxes* angesehen werden, ist eine häufig anzutreffende Form von Speziesismus.
110. Sue Donaldson und Will Kymlicka, »Farmed Animal Sanctuaries: The Heart of the Movement?«, in: *Politics and Animals*, 1/1 (2015), S. 50-74.

Die Originalausgabe erschien 2017 unter dem Titel *De soldaat was een dolfin. Over politieke dieren* bei Uitgeverij Cossee BV, Amsterdam.

Dieses Buch ist auch als E-Book erhältlich.

FSC
www.fsc.org
MIX
Papier aus verantwortungsvollen Quellen
FSC® C014496

Verlagsgruppe Random House FSC® N001967

1. Auflage

Umschlaggestaltung: semper smile, München
Satz: Uhl + Massopust, Aalen
Druck und Einband: GGP Media GmbH, Pößneck
Printed in Germany
ISBN 978-3-442-75812-8

www.btb-verlag.de
facebook.com/btbverlag

Eva Meijer

Das Vogelhaus

Roman

320 Seiten, btb 75794
Aus dem Niederländischen von Hanni Ehlers

Die wahre Geschichte einer ungewöhnlichen Frau und ihrer erstaunlichen Beziehung zu wild lebenden Vögeln.

Len Howard (1894-1973) verbrachte die zweite Hälfte ihres Lebens in einem kleinen, abgelegenen Haus in Sussex, Südengland. Sie veröffentlichte äußerst erfolgreiche Bücher über Kohlmeisen, Rotkehlchen, Sperlinge und andere Vögel, die sie in ihrer Umgebung beobachtete, und obwohl sie keine Biologin war, galt sie als Pionierin auf dem Gebiet der Tierforschung.

Die faszinierende Lebensgeschichte dieser zu Unrecht vergessenen Vogelkundlerin inspirierte die Philosophin und Schriftstellerin Eva Meijer zu einem außergewöhnlichen Roman über Mensch und Natur, der uns dazu bringt, herkömmliche Vorstellungen über das Leben in Frage zu stellen.

»Bezaubernd! Man will sofort in ein abgelegenes Cottage ziehen.«

Lady

btb